AI 이데아

DreamWalker

AI 이데아 - 인공지능 대체 너는 누구냐?

발행일	2022년 11월 11일
지은이	고영화
펴낸이	한아타
발행처	출판문화법인 '드림워커'

등록일자	2017년 8월 8일
등록번호	제2020-000076호
주소	서울시 마포구 잔다리로 48, 정원빌딩 3층 3076호
전자우편	ii21@live.com
전화	050-4866-0021
팩스	050-4346-5979
홈페이지	https://drmwalker.modoo.at

copyright ⓒ DREAMWALKER, 2022, Printed in Korea
ISBN 979-11-961726-4-0 (03550)

잘못 만들어진 책은 구입한 곳에서 교환해드립니다.
이 책은 저작권법에 따라 보호받는 저작물이므로 무단 전재와 복제를 금합니다.

AI 이데아

인공지능 대체 너는 누구냐?

고영화 지음

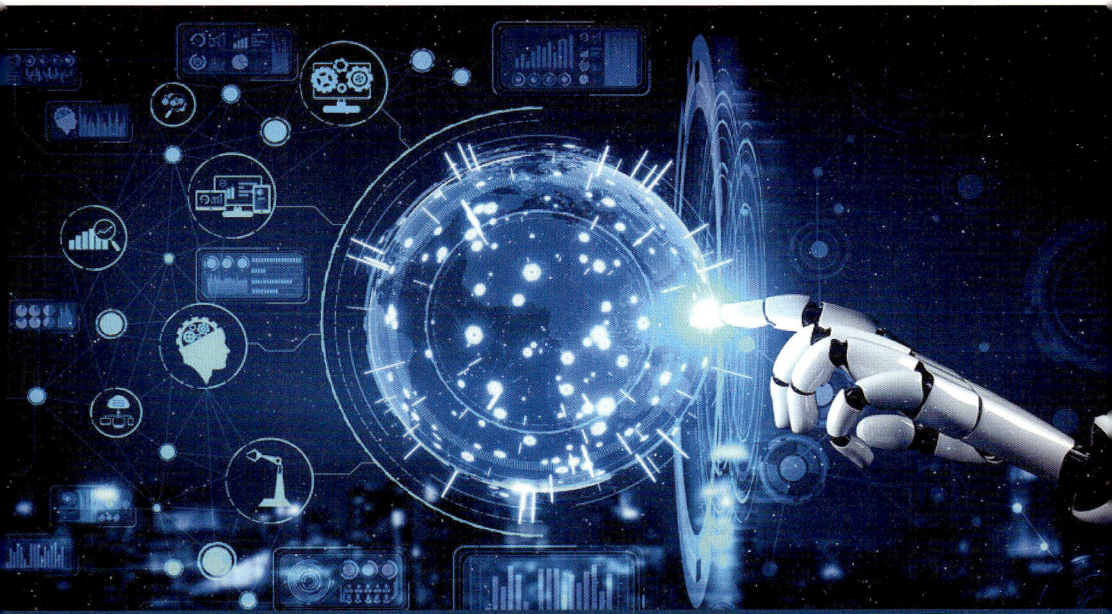

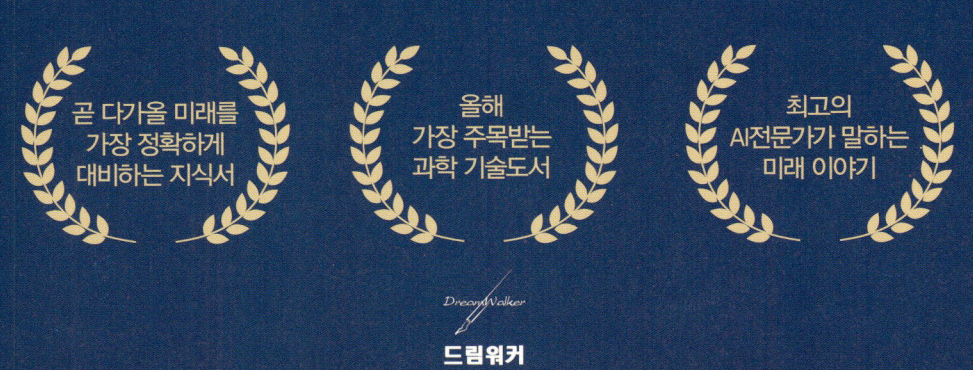

우리는 미래를 어떻게 맞이할 것인가?

- 곧 다가올 미래를 가장 정확하게 대비하는 지식서
- 올해 가장 주목받는 과학 기술도서
- 최고의 AI전문가가 말하는 미래 이야기

드림워커

미래에 대한 더 나은 통찰을 생각합니다.

추천사

고영화 박사의 『AI 이데아』(서울: 출판법인 드림워커, 2022)는 4차 산업의 핵심 기술인 인공지능AI, Artificial Intelligence의 윤리적 쟁점을 전문적으로 다루고 있다. 지은이의 박사학위 논문을 바탕으로 쓴 책으로 이 분야의 단독 저술로서는 학문성이 돋보이는 책이다. <AI 이데아>라는 책의 제목이 보여주는 바와 같이 이 책은 AI, 즉 인공지능이 따라야 할 본래의 모습이 이러해야 한다는 의미에서 AI가 따라야 할 윤리기준을 강조하고 있다.

지은이는 특히 기술 준비도를 독립변인으로 하고 독립변인의 영향을 받는 잠재변인으로 기술수용 모델을 선정하여 2019년부터 2021년까지 3년여에 걸쳐 AI라는 혁신적인 신기술에 대하여 사람들의 윤리성 인식이 어느 정도인지를 조사하였다. 또한 혁신기술의 수용 의도는 윤리성 인식의 척도와 윤리성 이용 의도에 어떠한 결과를 나타내는지를 함께 조사하였다. 지은이는 이를 알아보기 위해 전국의 일반 남녀 1천여 명을 대상으로 4차례에 걸쳐 포커스 인터뷰를 포함한 설문 조사를 하였다. 이 책은 단순한 문헌 조사가 아니라 이런 경험적 조사연구를 반영한 학문적 저서로 평가된다.

책에서 지은이는 인공지능의 윤리적 쟁점이 결코, 가볍지 않다고 보고 그

윤리성과 관련하여 투명성, 공정성, 안정성, 그리고 책임성을 논하고 있다.

이에 서평자는 지은이가 강조하는 이런 윤리성 기준을 알아보고, 다음으로 AI 이데아에 비추어 인공지능 로봇이 과연 인간이 될 수 있나를 논할 것이다. 끝으로 그 편리성에 못지않은 위험성에 대비하여 AI는 개발단계에서부터 윤리적 법적 대비책을 철저히 해야 한다는데 초점을 맞추고자 한다. 특히 AI에 관하여 윤리의 마지막 보루라고 할 수 있는 종교 특히 불교적 관점을 논할 것이다.

AI의 윤리성 기준

첫째, 사용자를 위해서 투명성은 매우 중요하다. 왜냐하면, 투명성은 사용자를 위해 작동된 시스템이 어떻게 작동하는지 왜 작동하는지를 이해할 기회를 제공하기 때문이다. 또한, A/IS의 비준과 인증을 위해 투명성이 중요하다. 왜냐하면, 투명성은 시스템의 과정을 드러내며, 동시에 철저하게 검증된 데이터를 입력하기 때문이다.

둘째 공정성은 주로 공정한 판단을 포함하며, 원치 않는 편견과 차별의 예방, 모니터링 또는 완화라는 측면에서 표현된다. 일부 문헌에서는 다양성 포용 및 평등에 대한 존중으로서 공정성에 초점을 맞춘다. 또한, 인공지능 데이터 및 인공지능이 제공하는 다양한 편리함에 대한 공정한 접근의 중요성을 강조한다.

셋째, 안전성에 대한 언급은 'non-maleficence'로 표현되어 '남에게 피해를 주지 않을 의무가 있음' '해악이 될 일을 하지 않음'의 의미이면서 안전 및 보안에 대한 일반적인 요구를 포함하거나 예측 가능하며 의도하지 않은 피해를 일으키지 아니해야 함을 명시한다. 더욱 세분된 고려 사항에는 특정 위험 또는 잠재적인 위해의 방지가 수반된다.

넷째, 책임성에 관련해서는, '책임 있는 AI'에 대한 광범위한 언급에도 불구하고 책임과 책무성은 거의 정의되지 않고 있다. 그런데도 특정 권장 사항에는 '청렴성'을 가지고 행동하고 가능한 경우 사전에 계약 단계에서 책임 및 법적 책임의 귀속을 명확히 하거나 구제를 중심으로 하는 것이 포함된다.

그러나 여전히 인공지능 자체가 인간과 같은 방식으로 책임을 져야 하는지 아니면 인간이 항상 기술적 결과물에 대한 궁극적인 책임을 지는 유일한 행위자여야 하는지에 대한 의견은 다양하게 나타나고 있다.

그런데 이러한 윤리 관련 규정들은 인공지능을 개발하는 거대 기업의 이익 앞에서 제대로 역할을 못 하였다고 본다. 인공지능의 개발에서 거대 기업의 위력을 웅변으로 보여준 것은 2018년 구글이 개발한 인공지능 알파고가 한국의 바둑 9단 이세돌을 이겼다는 뉴스가 떴을 때였다. 이때부터 이미 인공지능은 심각한 윤리적 문제를 제기했다고 본다.

왜냐하면, 알파고가 이겼다고 하지만 그 게임 자체가 구글이라는 기업의 선전효과라 할 수 있고, 그 바둑대결은 불공정 게임이었다는 비판에 직면했기 때문이다. 당시 IT 전문 전석진 변호사는 대결이 시작되기 이전에 이미 그 대결은 이세돌이라는 개인과 광케이블로 인터넷망에 연결된 알파고가 구글 클라우드의 컴퓨터 자원을 무한정 사용하는 불공정 게임이었다고 주장하였다. 이는 훈수를 둬서는 안 된다는 바둑 원칙을 정면으로 거스르는 것이며, 일대일 대결이라는 바둑 원칙에도 어긋나는 것이다. 김용래, "<세기의 대국> "알파고가 이길 수밖에 없는 불공정 게임" 연합뉴스, 2016-03-11, 06:01

이 대목에서 지은이가 주제로 삼고 있는 인공지능의 윤리적 쟁점을 잘 드러냈다고 본다. 이세돌 알파고의 대결에서 구글은 투명하게 정보를 공개하지 않았고 알파고가 이세돌을 이겼다는 사실만을 부각해 인공지능의 우월성을 홍보하였다. 이 대결이 공정하지 못했다는 점은 앞서 설명했으며 안전성(남에게 피해를 주지 않을 의무)과 책임성의 문제도 제기했다고 본다. 책에서 밝힌 바와 같이 AI에 대한 법적 규제가 구글을 비롯한 거대 기업들에 대한 각국 정부 규제에서 시작된 것은 우연이 아니라 본다.

인공지능 로봇은 인간이 될 수 있나?

책에서 지은이는 인공지능이란, "기계가 경험을 통해 학습하고 새로운 입력 내용에 따라 기존 지식을 조정하며 사람과 같은 방식으로 과제를 수행할 수 있도록 지원하는 기술"이라고 정의하였다.

그런데 인공지능은 발전을 거듭하여 이제는 지능에 더하여 인간과 같은 감정을 느끼고 표현하는 센서를 달아 감정을 가진 로봇을 개발하는 데까지 성공하였다. 인간과 기계의 차이를 구분하기 어렵게 하고 있다. 그래서 사람을 중심으로 생각하던 휴머니즘의 시대에서 포스트 휴머니즘의 시대로 진입하고 있다고 말하는 사람들도 생겨났다. 종교 분야에서 AI 목사가 등장하고 AI 로봇 스님이나 보살이 중국, 일본에서 등장하고 있다. 쇠퇴의 물결을 막고 대중의 관심을 끌기 위한 종교의 몸부림으로 비치기도 한다.

인공지능을 갖춘 로봇을 인간과 동일시 할 수 있냐 하는 쟁점이 문제의 중심이라고 본다. 물론 기술 발전은 누구도 예측하기 힘들다. 따라서 현시점에서 인공지능 로봇이 인간이 될 수 없다고 단정할 수는 없다. 그러나 사람의 구성요소라고 하는 지정의(知情意), 즉 지능, 정서, 의지의 세 가지 요소를 기계가 다 갖추고 여기에 종교가 인간으로 인정할 수 있는 영혼 혹은 불성(佛性)을 갖출 수 있다고 단정하기는 이르다고 본다. 인간은 경험만으로 판단하는 것이 아니라 이성과 영성(靈性)을 포함한 종합적 직각으로 판단한다. 빅 데이터를 아무리 분석한다 해도 그건 인간 경험의 축적에 불과하다. 이제 감정을 일부 복제해서 응용하는 초기 단계에서 포스트 휴머니즘을 말하는 것은 너무 성급하지 않은가.

AI가 가져올 포스트 휴머니즘 시대에는 휴머니즘 시대에 강화되어온 개인적 자아를 극복하고 집단적 자아로 나아갈 수 있다는 주장이 있다. 인간 사이의 관계를 강화하고 개인을 넘어서는 집단적 자아가 확장된다는 것이다. 그러나 깨달음은 집단이 아니라 개인이 하는 것이란 점을 잊어서는 안 된다고 본다. 정당이나 국가와 같은 집단의 의사결정이나 행위도 집단의 이름으로 하지만 실제로 그러한 결정을 하고 행하는 것은 집단을 대표하는 개인이 하는 것이다. 개인적 자아의 존중을 집단적 자아로 대체한다는 주장은 집단주의의 악몽을 떠올리게 한다. 바람직한 방향이 아니라고 본다.

휴머니즘은 15~16세기부터 근 6백년 이상 발전해 왔다. 시대에 따라 다른 모습을 보였으나 인간성 존중을 핵심개념으로 발전해온 휴머니즘을 역사의 저편으로 돌리려는 시도는 현명하지 못하며 AI 시대에 휴머니즘이 더욱 필요한 것일 수 있다.

종교(불교)와 AI로봇

사람과 동물을 구분하는 기준을 동양에서는 윤리로 보았다. 사람과 기계를 구분하는 기준도 크게 다르지 않을 것 같다. 유교에서는 "하늘과 땅 사이 만물 중에서 사람이 가장 귀하니 그 이유는 오륜(五倫)"(동몽선습 첫 구절)이라는 것이다. 물론 윤리의 내용은 종교에 따라 다르다. 불교에서는 오계(五戒, 살아

있는 자의 생명을 빼앗지 말라, 도둑질하지 말라, 삿된 음행을 하지 말라, 거짓말하지 말라, 술 담배 마약 등 중독성 물질에 취하지 말라)를 기본으로 한다.

종교적 행동의 핵심은 사랑 또는 자비라 할 수 있다. 그것이 빠지면 지능과 능력이 뛰어나도 오히려 악마가 될 수 있다. AI 로봇은 전기 충격으로 살아난 프랑켄슈타인과 같은 괴물이 될 수 있는 위험성이 있으며 여러 SF 영화에서 보는 것처럼 인류의 존재를 위협하는 기계가 될 수 있다.

스티븐 호킹부터 일론 머스크까지 인공지능AI에 관한 세계 최고의 지성들은 AI가 인류에게 실존적 위협을 제기한다고 우려한다."인공지능은 의도치 않게 인류를 파괴할 수 있다"『BBC 뉴스 코리아』, 2019년 11월 3일.

설사 로봇이 반기를 들지 않더라도 인간이 무심코 또는 사악한 목표를 가지고 잘못된 데이터를 입력했을 때 인류를 말살시킬 위험성이 있다는 것이다.

우리가 먼저 두려워할 것은 기계가 아니라 기계를 만들고 사용하는 인간의 탐욕과 증오심과 어리석음이다. 불교에서 경계해온 탐진치(貪瞋痴, 탐욕과 성냄과 어리석음)의 3 독심(毒心)이다. 집단적 이기심으로 AI를 세계지배의 도구로 이용하고 인간의 자유를 말살하는 도구로 활용될 수 있다는 점을 경계해야 한다. 책에서 말하는 AI의 윤리기준을 철저히 지키도록 각국 정부와 국제사회의 협력이 강화돼야 한다.

AI 윤리기준으로 불교의 5계는 좋은 준거가 될 수 있다.

첫번째 계, 산 생명을 죽이지 말라는 계는 인간이나 인간성을 획득한(획득한다면) AI 로봇에게 기본적인 윤리기준이 되어야 할 것이다.

두번째 도둑질하지 말라는 계는 인간이나 인간성을 획득한 기계 모두 지켜야 할 윤리기준이다.

세번째, 삿된 음행을 하지 말하는 계율 역시 마찬가지다.

네번째, 거짓말하지 말라는 계율은 앞에서 말한 투명성 기준과 연결된다. 다섯째, 술 먹지 말하는 술, 담배, 마약 등 중독성 물질에 빠지지 말라는 계는 의료 AI 분야에서 중요한 계율이 될 수 있다고 본다.

AI 로봇이 종교를 가질 수 있느냐의 질문은 그것이 인간성을 부여받을 수 있느냐에 달려 있을 것이다. 인간과 같은 지능과 정서 그리고 의지가 있고 사랑의 마음을 가지게 된다면 종교를 갖는 것은 당연하다. 문제는 기계가 과연 인간이 가지고 있는 지정의를 갖추고 사랑을 할 수 있는지 윤리의식을 가질 수 있는지 지켜봐야 할 것이다.

엘렌 인공지능AI연구소가 "델타이에게 물어보세요"라는 프로젝트에서 윤리적 판단을 알려주고 있으며 그 정확도가 크게 개선되었다고 한다(92%). 복잡한 질문을 해도 잘 맞추고 있는데 그것을 어떻게 유추해서 정확한 답을 하는지는 명확히 알 수 없는 불랙박스와 같다고 한다. 그것이 인공지능 신경망과 딥러닝, 즉 심층학습 등 AI 기술의 한계일 수 있다. 박건형, "AI는 사람이 가르친 대로 배워...편견과 차별은 결국 사람이 조장", <조선일보>, 2021년 12월 6일, (검색일 2022.08.30.).

AI는 무기로 사용되거나 인간 통제 기술로 사용할 때 인간에게 큰 위험이 되지만 인간의 추리 계산능력의 한계를 뛰어넘고 인간의 나아길 방향을 암시해준다는 점에서 AI는 인간에게 도움을 주는 양 측면이 있다.

그러나, AI는 좋든 싫든 이제 인간과 떨어질 수 없는 존재가 되었다. 우리 인간들은 그것을 피할 것이 아니라 잘 활용하도록 해야 할 과제를 안게 되었다. 핵무기가 세계를 위협하던 냉전 시대에 하버드 핵 연구단이 공저한 <핵 시대를 어떻게 살 것인가?>Living with Nuclear Weapons라는 책이 나왔다. 핵무기를 없애지 못하는 상황에서 그들은 다른 무기들과 다르므로 "인류는 항상 최상의 주의를 하면서 주의 깊고 경계심을 가지며 신중하게 핵무기와 함께 사는 방법을 배우지 않으면 안 된다."고 썼다. 하버드 핵 연구단 공저, 강성학, 정천구 공역, 『핵 시대를 어떻게 살 것인가?』 (서울: 정음사, 1985), p.308.

AI 로봇에 대한 우리의 태도 역시 비슷해야 한다고 본다. 싫든 좋든 이제 AI와 함께 살면서 그것이 악마로 변하지 않도록 초기 단계에서부터 윤리적 법적 기준을 마련하여 그것이 인간을 지배하고 인간의 자유를 파괴하지 않도록 하면서 함께 사는 방법을 터득해야 한다고 본다. 그것이 지은이가 책을 지은 동기의 하나이기도 할것이라 본다.

정천구 - 백성욱연구원 이사장, 전 영산대 총장

인류 최고의 발명품인 컴퓨터는 이제 근원의 문제에 더욱 다가서고 있다. 그것은 '인간처럼 생각하는 기계', '인간이 아닌 인간의 지능'인 인공지능이다. 인간 자체를 대상으로 하는 영역답게, 그 중요성은 기술의 범주를 이미 넘어섰다. 이 책은 인공지능의 윤리적인 이슈를 포함한 많은 것을 시사하고 있어, 너무나도 당연히, 엔지니어뿐 아니라 인공지능의 시대를 맞이하는 우리 모두에게 의미 있는 정보와 메시지를 전해줄 것이다.

임춘성 - 연세대학교 공과대학 산업공학과 교수
<멋진 신세계> 저자, 정보통신 미래모임 회장

인공지능이라는 용어가 처음 사용된 것은 1950년 영국의 수학자이자 과학자이며 케임브리지 대학의 교수인 앨런 튜링이다. 현대 컴퓨터과학의 아버지라고도 불리운다. 그는 사상 최악의 위기 세계2차대전 당시 나치 독일군의 해독불가 암호를 해독해내면서 연합군의 승리에 기여를 한다. 41살이라는 젊은 나이에 영화같은 삶을 살고간 천재수학자로서의 그를 우리는 영화 '이미테이션 게임'을 통해서도 만나볼 수 있다. 앨런 튜링 사후 60여년이 지난 오늘, 우리는 '생각하는 기계'라는 인공지능이 제기하는 사회적 이슈 앞에 당면하였다. 우리는 기술의 발전과 더불어 인공지능과 인간이 협업을 통해 상생할 수 있는 방법을 모색해야만한다. 이 책이 다가오는 당신의 미래를 준비하기위한 의미가 될 수 있기를 바란다. 당신은 이 책을 통해 더 윤택하고 만족스런 미래에 대한 시각을 가질 수 있게 될 것이다. 저자의 책 'AI 이데아'를 통해 함께 고민하고 근본적인 질문에 답을 찾기를 바란다.

박동범 - 연세대학교 세브란스 치과대학 외래교수,
　　　　박동범치과 원장

우리는 왜 '지금' 인공지능에 관심을 가져야 하는 것일까? 왜 많은 사람들이 AI에 집중하는 것일까? 우리의 미래와 우리의 삶에 이것은 무슨 의미가 될 것인가? 미래에는 많은 직업군이 특히 업무의 성격이 정형화되어있을수록 인공지능 기계에 대체될 확률이 높다고한다.

그러면 변호사는 어떨까? 미국의 한 로펌에서는 인공지능 변호사가 업무에 투입되었다. 우리나라의 몇몇 로펌도 인공지능 변호사 '유렉스'를 도입했다고 한다. 초당 1억장의 판례를 검토하는 인공지능이라니 믿어지지않고 믿고싶지 않지만 안타깝게도 이것은 현실이다. 그렇다해도 인간과 사회에 대한 이해와 복잡한 법률 내용을 인공지능변호사가 완벽하게 이해하고 해석하는 것은 현재로써는 가히 불가능하다.

그러나 미래는...? 그래서 우리는 기술의 발전과 더불어 인공지능이 인간의 행복을 위해 활용되어지고 협력할수있도록 좀 더 알고 준비하기 위해서 저자의 'AI 이데아' 책을 읽어보기를 권한다.

황정근 - 법무법인 소백 대표변호사,
전)김&장 법률사무소 변호사, 전)대법원 재판연구관 부장판사

AI가 제기하는 여러 가지 사회적.윤리적 쟁점이 결코 가볍지 않은 지금 시점에서 이 책은 필히 읽어보기를 권한다. 특히 AI AI: Artificial Intelligence의 기술적인 부분을 다루는 엔지니어에서부터, 아직 인공지능에 대해 정의하지 못한 일반 독자까지 모두 알아야 할 이슈들을 다루고 있다. 이제 '사람만이 가능했던 일들'이, '사람이 없어도 가능해진 시대'가 되었다. 바로 무인기(無人機, uncrewed/unmanned aerial vehicle, 통칭 드론 시대가 열린 것이다. 기술의 발전은 여러 분야에서 유인화에서 무인화로 대체시키고있다. 아직은 인공지능을 탑재했다 하더라도 인간의 통제와 조작없이는 완전한 무인기는 당분간은 불가능하다. 그럼에도 각종 인공지능의 기술적 문제로인해 여러분야에서 윤리

적 문제들이 대두되고있는것도 현실이다. 저자는 인공지능의 윤리적인 이슈를 함께 고민하며 4차산업시대 인공지능의 시대적 트랜드를 경험과 관찰기록으로 이 책을 통해 중요한 메시지로 전하고 있다.

오성운 - 전)국토교통부 항공운항과 과장

우리는 '인공지능'에 대해서 얼마나 알고있을까? 과연 '인공지능'이 무엇인지 정의할 수 있는 사람이 얼마나 될까? 4차 산업혁명시대를 대표하는 아젠다는 바로 AI AI: Artificial Intelligence 기술이다. 2016년 가천대학교 길병원에서는 의료용인공지능 '왓슨'을 도입하여 진단과 처방에 활용하고 있다. 삼성서울병원에서도 로봇 수술기기.시스템 '다빈치'를 도입하였다. 거부할 수 없는 기술의 혁명시대이다.

인류는 그 동안 끊임 없는 과학의 발전으로 사회 전반에 편익과 효율을 진전시켜왔다. 오늘날 디지털 혁명이라 할 수 있는 제4차 산업혁명의 핵심 기술인 인공지능AI이 우리 사회에 미치는 영향을 보면 의료, 국방, 산업, 법률, 회계 등 얼마나 방대한가를 알 수 있다.

특히 나와 관련 있는 회계분야만 하더라도 그 동안 수작업으로 이루어 졌던 기장, 조정 등 회계프로그램이 AI로 대체되는 단계에 이르렀다. 물론 인공지능으로인해 업무효율은 그 전의 업무시스템에 비하여 비교할 수 없을 정도로 향상되었지만, 이에 대한 부작용으로 종사자들의 실직과 회계관련 법률적 충돌이 예상되어 윤리적인 문제가 대두된다 하겠다.

저자는 'AI이데아'라는 책을 통해서 AI의 효율과 문제점에 대하여 대응

방안을 찾고자 각 분야별 법률적, 교육적, 종교적 이슈들을 잘 제시함으로써 독자들과 함께 고민해볼수 있는 좋은 기회를 제공한 책으로 이를 적극 추천한다.

김봉수 - 세무사, 연세대학교법학석사

　최근 AI의 발전은 매우 눈부시다. 그 예로 마이크로소프트의 투자사인 OpenAI에서 만든 GPT-3와 DALL·E, 구글 딥마인드의 알파폴드2 등은 딥러닝을 바탕으로 인간의 능력에 준하는 상상력과 창조성, 그리고 인간이 상상도 할 수 없는 정확한 예측성을 보여줌으로써 많은 이들을 깜작 놀라게 하였다.

　AI의 발달과 더불어, AI가 인간과 동등한 능력 또는 그 이상을 넘어서 어느 수준까지 발달하게 될 지, 기대 반 걱정 반의 시선으로 바라보는 사람들도 많아지게 되었다. AI의 윤리성을 논하는 것은 지극히 인간 측면의 관점이기도 하다.

　고대 그리스의 소피스트들이 주장한 바와 같이, 인간의 자연적 욕망을 억제하는 수단으로 만들어진 도덕적 관습과 규범을 인간 윤리의 개념이라고 바라보는 입장에서는, 인간의 자연적인 욕망을 사회적 관계를 해치는 위험요인으로 인식하기도 한다. 따라서, AI의 윤리성을 논하는 것은 AI 자체가 윤리적 주체로 인식되는 것을 배제한 채) 인간을 넘어선 AI가 스스로 자연적인 욕망을 가지게 되는 것에 대한 두려움이기도 하며, 그런 AI로부터 인간을 보호하고자 하는 안전장치로 인식될 수도 있을 것이다.

　AI의 발전은 쉼 없이 진행되고 있다. 본 저자가 집필한 'AI 이데아'는 이러한 쉼 없는 전진 속에서, 우리가 한 번 정도는 시선을 돌려볼 만한 지식의 이정표를 제시해 줄 것이며, 여러분 모두에게 더욱 풍성한 지혜의 신경망을 제공해 줄 것이라 믿어 의심치 않는다.

이경훈 - 코스맥스비티아이㈜ CHRO실 이사
전) 환경부 국립환경인재개발원 교육기획과장,
연세대 교육학과 박사과정 수료, '굿 피드백' 저자

책머리에

우리는 다이나믹한 변화의 시대를 살아가고 있다. 4차 산업혁명 시대에 기술의 발전은 다양한 분야에서 사람들에게 편익을 안겨주고 있다. 특히 인공지능AI: Artificial Intelligence분야 기술의 발전은 더욱 빠른 속도로 발전하고 있다. 인공지능에 다소 무심한 사람들에게는 이 분야의 발전에 대해 별스럽지 않은 느낌을 가질 수도 있을 것이다. 하지만, 세계 인공지능 시장이 급성장하고 있고 실제 국내 인공지능 시장 규모는 한국신용정보원의 보고서에 따르면 2018년 1조원에서 2019년 1조5천억원으로 증가했으며, 2025년까지 연평균 38.4% 성장해 10조5천억원의 시장을 형성할 것으로 전망하고 있다.

인공지능이란 무엇일까?

인공지능이란 무엇을 말하는 것일까? 인공지능의 정의를 SAS single attachment station 에서는 기계가 경험을 통해 학습하고 새로운 입력 내용에 따라 기존 지식을 조정하며 사람과 같은 방식으로 과제를 수행할 수 있도록 지원하는 기술이라고 했다. 인공지능이라는 용어가 처음 사용된 것은 1950년 영국의 수학자이며 과학자이자 케임브리지 대학의 교수인 앨런 튜링이다. 현대 컴퓨터과학을 정립한 입지전적 인물인 앨런 튜링에 의해 사고하는 기계(지능을 가진 기계)로 처음 사용되었다.

이후 1990년대 본격적인 PC의 발전과 더불어 머신러닝Machine Learning, 딥러닝Deep Learning 기술의 발전으로 인해 2000년대에 접어들어 인지하고 학습하고 추론하고 행동하는 인공지능으로 발전하였고 현재에는 IBM의 왓슨, 애플의 시리, 아마존의 알렉스, 삼성의 빅스비 등 의료, 가전, 자율주행, ICT(정보통신기술), 안면인식 기술, 주식투자, 바둑, 골프 등 인공지능AI 기술이 접목되지 않은 경우가 없을 정도로 산업 모든 분야에서 인공지능AI 기술이 활용되고 있다. 2016년 구글 딥마인드가 개발한 인공지능 AI:Artificial Intelligence 알파고와 대한민국의 이세돌 9단 간의 그 복잡성과 경우의 수가 무한대인 세기의 바둑 대국이었고, 이세돌 9단이 사람도 아닌 인공지능에 패하면서 사람들에게 적지 않은 충격을 주었다.

그렇다면 우리는 왜 '지금' AI에 관심을 가져야 하는 것일까? 왜 많은 사람들이 AI에 집중하는 것일까? 우리의 미래와 우리의 삶에 이것은 무슨 의미가 될 것인가?

AI와 윤리

AI라는 화두에 집중해야 하는 매우 중요한 이유 중 하나는 인간의 활동영역에 관여하는 이 부분에 대한 윤리적 이유 때문이다. AI가 제기하는 여러 가지 사회적 쟁점이나 윤리적 쟁점이 결코 가볍지 않다는 점이 바로 내가 이야기 하고 싶은 점이다.

인간과 구별이 안 되는 완벽한 AI가 등장해 인간의 직업을 사라지게 할 것인가를 생각하는 사람이 많다. 혹자는 사람들이 '일을 안 하면서 행복한 삶을 살 수 있을까'를 생각하는 사람도 있다. AI가 정확히 어떤 결과를 가져올지 어떤 위험성이 있는지는 지금 현시점 확실하게 말할 수 없는 점이 많다. 다가올 미래에 대해 대응하는 제도적인 방안들을 정부에서도 논의하고 있는 중이다. OECD는 AI의 발전을 예견 하면서 이것이 인권과 같은 기본권과 서로 조화될 수 있을 것인지를 고민한다. 유네스코는 교육, 문화 등과 AI의 영향력과 합리적인 윤리적 대응을 고려하는 'AI 윤리 권고'를 준비하고 있다.

AI는 이 도구를 사용해 사람을 죽이거나 정말 나쁜 짓을 하지 않는다면 문제될 것이 없지 않은가? 하고 생각하는 사람이 있을 수도 있다. 왜 거기서 '윤리'가 들어가야 되지? 하고 의아해 할지도 모르겠다. 윤리는 '사람이 마땅히 지켜야 할 도리나 규칙'인데, 지극히 개인적인 영역이면서 선과 악이 분명하게 구별되는 영역에 대해서 한정적으로 사용된다면 '문제가 없지 않을까'라고 말할지도 모른다.

현재 매우 크게 대두되는 윤리적 문제

많은 사람들의 의구심에도 불구하고, AI와 관련된 윤리적 논의가 현재 국제적으로 계속 진행 중이다. 당연히 여기에는 국내의 적극적이고 능동적인 대응도 포함된다. 우리만의 윤리 개념으로 이것을 이해하려 한다면 다른 나라 사람들과의 생산적인 논의를 할 수가 없다. 다양한 가치들 사이에 존재할 수 있는 상호 충돌을 고려해야 할 것이다. 여기에 인공지능의 투명성은 대단히 중요한 요소이다. '딥러닝 알고리즘'이 불투명한 요소를 가지고 있기 때문에 인간이 추구하는 '공정과 상식' 차원에서 이것이 과연 제대로 쓰일 수 있을 것인지를 생각하게 된다.

반대로 '투명성'만 지나치게 강조하다보면 효율성이 떨어질 수가 있다. 이 부분에 대한 사회적 논의와 합의가 도출되어야 할 것이다. 사회적으로 있을 수 있는 수많은 쟁점 사항들을 고려하면서 인권과 기본권을 보장하는 가이드라인 내에서 AI의 혁신은 이루어져야 할 것이다.

이 책은 바로 그 점에 중점을 두고 집필 되었다. 참고로, 이 책은 내가 2021년과 2022년도에 연구한 논문 [The Influence of Artificial Intelligence Ethical Awareness towards Technology Readiness Index and Technology Acceptance Model.], [The Influence of AI Technology Acceptance and Ethical Awareness towards Intention to Use.]에 그 바탕을 두고 있음을 전제하는 바이다.

이 글을 읽고 있는 당신에게 AI는 어떤 의미인가? 우리의 의지와는 상관없이, AI는 우리의 생활이자 삶의 일부로 계속 일상을 파고들고 있다. AI는 당신의 미래이기도 하다. 이 책이 다가오는 당신의 미래를 위한 의미 있는 힌트가 될 수 있기를 바란다. 당신은 이 책을 통해 더 윤택하고 만족스런 미래에 대한 건설적인 시각을 가질 수 있게 될 것이다.

2022년 늦가을

고영화

차례

책머리에 · 20

I '인공지능을 바라보는 관점과 사회적 쟁점

AI, 왜 윤리적 측면을 고려해야 하는가? · 32
인공지능 윤리에 대한 공론화 · 37
인공지능에 대한 개요 · 40
AI와 교육적 쟁점 · 48
AI와 과학·공학적 관점 · 55

II 인공지능 윤리를 다루기 위한 인륜적 규범

인공지능과 결부되는 규제적 움직임 · 66
개인정보 침해를 예방하기 위한 안내서 · 75
인공지능과 관련된 법적인 쟁점 · 80
지적 재산권 쟁점 · 82
AI 윤리 지침 현황 · 85
로봇윤리헌장 · 90
'사람 중심'의 10가지 기술 전략 트렌드 · 111
인공지능 윤리의 구성 요소 · 121

무엇을 고려해야 하는가?

각각의 목적 달성을 위한 유럽 연합이 제정한 AI 윤리 지침들 ····· 126
인공지능의 투명성 ·· 137
인공지능의 공정성 ·· 140
인공지능의 안전성 ·· 143
인공지능의 책임성 ·· 146

AI 윤리를 다루기 위한 개념과 이슈

기술준비도(Technology Readiness Index: TRI) 개념 ············· 154
기술수용모델(Technology Acceptance Model: TAM) 개념.. 159
기술수용모델(TAM) 고려점 ··· 166
인공지능(AI) 윤리의 법적 이슈 ·· 169
인공지능(AI) 윤리의 교육적 이슈 ·· 176
인공지능(AI) 윤리의 철학적 이슈 ·· 179
인공지능(AI) 윤리의 종교적 이슈 ·· 182

인공지능 윤리성 인식에 대하여

인공지능 윤리성 ·· 188
인공지능 윤리인식 ·· 190
기술준비지수(TRI)의 기준 ··· 195
기술수용모델(TAM) 기준 ··· 196

 **인사이트**

Academic Insight · 200
User Insight · 204
Developer Insight · 207

 결론

맺는 글 · 212
감사의 글 · 216
참고문헌 · 219

"인공지능(AI)의 발전은
많은 윤리적 문제를 가져왔다.
우리는 인공지능을 어떻게 관리해야 할까?"

I. 인공지능을 바라보는 관점과 사회적 쟁점

AI, 왜 윤리적 측면을 고려해야 하는가?

AI와 윤리적 측면을 논함에 있어 앞서 머릿말에서도 언급했듯 낯설어 하는 입장에 있는 사람도 적지 않다. 그럼에도 불구하고 이 부분에 대한 사회적 합의와 논의가 끊임없이 벌어지고 있는 이유들이 있다. 아직 본격적인 AI시대가 아님에도 불거진 여러 사회적 이유들 때문이다.

챗봇 '이루다'로 불거진 정보유출 우려, 윤리

최근 인공지능AI 스타트업 스캐터랩에서 개발하여 20대 여대생 컨셉으로 출시한 AI챗봇(채팅로봇) '이루다'는 지난해 '인공지능의 윤리'라는 사회적 이슈를 불러일으켰다. 100억여 건의 카카오톡 실제 대화 데이터를 학습한 챗봇 '이루다'는 개인정보 유출 문제 및 장애인과 성소수자 및 소수집단에 대한 차별 발언, 성희롱, 성차별, 혐오 표현까지 포함한 비윤리적 행태를 보이는 것이 발견되어 사용이 중단되었다. 그러나 다시 2022년 스캐터랩은 일부 기능을 개선해 '이루다 2.0'의 공개 시험 서비스를 시작한다고 밝혔다. 문제의 부적절한 발언에 대한 대응뿐만이 아니라 개인정보보호 조치까지 강화해 이용자가 혐오적이고 차별적인 발언에는 경고를 주고 반복할 경우 이용자계정을 일시정지 또는 영구차단할것이라고한다. 일상 대화형 챗봇'이루다 2.0'은 누구에게나 좋은 친구가 되는 것을 목표로 다시 일반에게 공개되었다.

인공지능의 언어가 만든 오류들

앞서 2016년에 마이크로소프트사가 내놓은 인공지능 채팅 프로그램이 사용자들에게 인종 차별적이고 폭력적인 표현을 하는 문제가 발생해 서비스가 중단되었음에도 스캐터랩이 다시 그 오류를 반복하는 일이 발생한 것이다.

구글의 인공지능 번역 서비스에서도 터키어 번역에서 오류가 나타났다. 터키어에는 3인칭 대명사와 성별 구분이 없다. 그래서 터키어로 "그는 의사다"라고 하면 그 사람이 남성일 수도 있고 여성일 수도 있는데 구글 번역기는 "그 남자는 의사다"라고 번역을 하였고 "그는 간호사다"라는 터키어 문장은 "그 여자는 간호사다"라고 번역을 함으로써 데이터를 학습하는 과정에서 사회의 성차별적인 문화까지 학습하게 되는 오류를 발생시켰다.

인공지능의 시각적 오류

더욱이 2016년에 구글의 이미지 인식 알고리즘인 사진 서비스의 얼굴 자동인식 기능을 하는 인공지능AI은 흑인여성에 대한 학습데이터가 부족해 흑인 여성을 고릴라로 인식하는 인종차별적인 오류를 발생시키면서 서비스가 중단되었다. 테슬라의 자율주행 자동차는 흰색의 트럭을 하늘로 인식하는 오류를 발생시켜 운전자가 사망하는 사고가 발생하여 인공지능AI기술의 안전성과 신뢰성에 대한 의문이 제기되었다.

AI가 가진 양면성

구글의 '알파고'와 이세돌 9단의 바둑대결은 인간을 뛰어넘는 인공지능의 능력을 보여준 충격적인 사건인데 반해, 챗봇 '이루다'의 사례는 인공지능 기술이 인간의 복잡한 심리와 감정의 영역까지 들어와 긍정적인 영향과 동시에 사회적으로 부정적인 영향까지 끼칠 수 있도록 기술이 발전되어 있음을 보여주는 사건들이다. 특히 챗봇 '이루다'사건은 우리 사회에 인공지능AI기술의 윤리성 기준에 대한 구체화가 요구된다는 의견이 각계에서 터져 나오는 계기가 되었다.

구글 딥마인드는 알파고의 시스템구축을 트리탐색Tree Search 기술 대신에 몬테카를로트리탐색Monte Carlo Tree Search: MCTS 기술과 심층신경망 Deep Neural Network: DNN 기술을 확장.결합하여 설계하였다. 일련의 의사결정을 위한 체험적 탐색 알고리즘으로 특히 게임에 많이 적용되어진다.

램덤 샘플링을 반복하는 알고리즘을 표현할 때 사용한다. 바둑, 주사위 놀이, 포커, 부루마불과 같은 비결정적non-deterministic 게임에서 많이 사용된다.

2016년 Silver는 한 연구에서 이러한 게임의 알고리즘은 기본적으로, 입력층과 출력층 사이에 다중의 은익층을 포함하는 인공신경망으로 구성되며, 이와 관련하여 몬테카를로트 리서치는 가장 유리한 선택지 즉, 최상의 의사결정을 선택하도록 하는 알고리즘이라고 설명한다. 이것은 정책망Policy Network이라는 신경망과 또 다른 형태의 신경망인 가치망Value Network과의 결합구성에 의해 이루어지며 다시 말해 머신러닝으로 훈련된 정책망과 최적의 의사결정을 내리는 승자를 예측하는 가치망의 결합으로 이루어진 것이 몬테카를로트 리서치 알고리즘이라는 것이다.

알고리즘의 구조들을 생각 할 때 이것이 인간의 생활과 융합되면서 발생할지 모를 여러 결과들을 생각하지 않을 수 없다. AI는 우리의 삶에 매우 중요하게 사용 될 도구이며 우리의 일상과 아주 밀접하게 연결되어 있는 이러한 점들은 앞으로 다가올 미래에 대해 많은 것을 생각하게 한다.

인공지능 윤리에 대한 공론화

인공지능AI의 발전은 많은 윤리적 문제를 가져왔다. 인공지능 기술이 더 발전함에 따라, 우리가 그것의 사용에 대한 윤리적 함의를 논의하고 토론하는 것이 중요하다. 우리는 인공지능을 어떻게 관리해야 할까? 누가 그것의 결정에 책임을 져야 하는것일까? 인공지능 개발과 관련된 위험은 무엇일까? 대량 실업이나 삶의 특정 측면에 대한 인간의 통제력 상실로 이어질 수 있는 면이 있을까? 이것은 AI 윤리를 논의할 때 고려해야 할 중요한 질문들 중 일부일 뿐이다. 이 분야의 발전이 윤리적으로 신뢰할수있다는 것을 확실히 하기 위해 지속적인 심의와 긴밀한 분석이 필요한 것은 분명한 것 같다.

급속한 인공지능Artificial Intelligence: AI 기술의 발전에 따라 다양한 인공지능제품과 서비스에 대한 이용 의도와 인공지능 이용에 수반되는 윤리성에 관한 연구와 논의의 필요성이 높아지고 있는 것이 현실이다. 인공지능시스템의 발전과 응용이 고도화됨에 따라 인공지능 윤리 분야의 최근 논쟁은 더욱 높아지고 있다. 이에 따라, 인공지능 윤리에 대한 공론으로도 그 범위가 넓혀지고 있다.

근본적으로 인공지능 윤리의 문제는 불완전한 기술, 축적된 데이터의 부족이나 학습의 오류로 인해 인공지능에 의한 결과물이 왜곡과 편향성을 내포할 수 있다. 인공지능이 항상 옳은 판단을 하는 것은 아니라는 점이 인간의 생활에 충분히 부정적으로 작용할 수 있는 여지를 남긴다. 인공지능 기술에 대한 윤리성 고려 요구가 높아지는 이유이다. 하지만, 현실적으로 인공지능 윤리성에 대한 논의는 현재 초기 단계에 머물고 있다. 이와 관련된 연구결과가 매우 희소하다는 것이 이를 반증한다.

세계 각국에서 정부 및 기업 차원의 '인공지능 윤리 가이드라인'을 제시하고 있기는 하다. 하지만 실제로 인공지능 기술의 사용자가 윤리성 부분에 대해 어느 정도 인식하고 있는지는 조사된 바가 많지 않다. 인공지능 기술이 적용된 제품이나 서비스의 이용 여부를 결정할 때 윤리성을 판단의 기준으로 포함시키고 있는가에 대한 조사야말로 매우 희박한 상태다.

이 책의 이어지는 부분에서는 사용자가 혁신적인 기술이나 새로운 기술의 제품을 접할때 수용하는 태도에 대한 기술준비도TRI:Technology Readiness Index와 기술수용모델TAM:Technology Acceptance Model이 확장 통합된 형태인 기술준비수용모델TRAM:Technology Readiness and Acceptance Model에 대한 점을 이야기 해 보려고 한다. 여기에 윤리적 요인을 고려한 모델로 확장시킴으로 사용자(이용자 또는 소비자)들이 혁신적인 신기술인 인공지능AI 제품과 서비스를 사용하는 것에 대한 태도나 성향을 파악하고 인공지능 기술준비도와 윤리성 인식 및 기술 수용의도의 관련성도 종합적으로 기술하려 한다.

인공지능에 대한 개요

　인공지능은 스스로 학습하고 작업할 수 있는 기계, 더 나아가 사람처럼 생각하고 사람처럼 학습하는 기계를 설명하는 데 사용되는 용어이다. 이러한 인공지능 시스템은 인간에 의해 수신된 데이터를 기반으로 의사 결정을 내리도록 설계되었다. 즉, 특정한 목표를 달성하기 위해 상황을 분석하고 자율적인 판단으로 지능적인 행동을 수행하여 복잡한 목표를 달성해 낸다. 또한, 빠른 속도와 지속력으로 데이터를 수집 및 해석하고 반복적인 학습 능력을 통해 결과를 추론해내는 알고리즘 시스템이 인공지능인 것이다. 그렇기에 어쩌면 인공지능 기술이 발달하면 할수록 우리 인간의 통제 밖으로 영역이 확장될 가능성을 갖는다.

AI의 등장

　AI artificial intelligence라는 용어 자체는 이미 오래 전부터 사용되어왔다. 1956년 다트머스 콘퍼런스 Dartmouth Conference에서 인공지능 artificial intelligence이란 용어가 최초로 등장하지만 그보다 앞서 발표된 튜링A. Turing의 연구에서도 AI에 대한 아이디어를 발견할 수 있다. 튜링은 연구에서 AI라는 용어를 직접 사용하지는 않았지만, 그 개념이 의미하고 있는 '배우는 기계learning machines'에 대한 논의가 나온다는 점에서 AI라는 용어의 등장으로 아직까지 널리 회자되고 있다. 일반적으로 지능이란 '지혜와 재능으로 상황 앞에 합리적인 방법을 찾아내는 능력', 또는 '인지, 학습, 추론의 능력을 포함하는 종합적인 능력'으로 정의되곤 한다.

이 지능이라는 것은 인류 역사상 이성적인 행위와 판단을 하는 인간만이 지닌것으로 여겨져왔다. 그러나 기술의 발달은 인간의 지능을 모방한 기계 인간이라는 생각하는 로봇의 생산 가능성을 낳았다. 그리고, 이러한 기계적 지능은 자연어처리를 가능케하는 과정에까지 이르렀다. 또한, 상황을 인식하고 판단하며 습득된 새로운 정보를 통해 활용하기까지하는 기계학습의 단계에서, 축적한 데이터 값으로 반복되는 경험을 통해 결론을 추론하기까지 한다. 이러한 문제 해결 능력을 갖춘 지능을 가진 것이 바로 AI인 것이다. 인간의 의사 결정과 유사하게 생각하고 추론하는 과정을 거쳐 결정을 이끌어내는 알고리즘 프로그램을 의미하는 것이다.

인공지능의 특징

인공지능의 특징을 Kakao Foreign Policy Team의 연구를 보자면 우선 '절차적'이라고 설명한다. AI는 구조화된structured 문제를 해결하는 데에 그 효과성을 발휘한다. 현재 AI는 모든 구조화된 작업에서 시행착오를 허용하고 줄임으로써 인간의 능력을 능가한다. AI는 연속적이고 반복적인 정형화된 일에서 인간의 능력을 뛰어넘었을 뿐만 아니라, 오류의 횟수도 매우 낮았다. AI는 빠른 정보처리속도도 갖고 있다. AI는 인간의 모든 감각기관의 정보처리속도를 능가한다. 이러한 정보처리속도는 실생활에서 즉각적인 의사 결정에 결정적인 도움을 준다. 예를 들어 학생들의 학습 참여도 분석, CCTV 위험인물 검색, 신용카드 직불 거래 감시, 면접 심사 등에 AI가 적용되고 있다. 교육현장에도 AI가 적용되면 교사의 행정업무와 성적처리 등에서 시간을 줄여줄 수 있을 것이다.

다음으로 AI는 확장성을 갖고 있다. 매일매일 일정 시간 수면을 필요로 하는 인간과는 달리 AI는 24시간 쉬지 않고 일을 할 수도 있고, AI는 물리적 환경만 맞추어진다면 무한대의 데이터를 저장할 수도 있다. AI는 거리에 제약 없이 초연결성을 실현할 수도 있다. AI와 인간, AI와 다양한 AI와의 연결을 통해 협력체를 확장할 수도 있다. AI는 교사가 더 많은 학생들을 모니터링 할 수 있도록 범위를 확장 시켜 학생들의 커뮤니케이션 장을 교실에서 세계로 확장하는 것이다.

또한, AI는 이성적 의사 결정을 한다. 인간은 어떤 일을 결정함에 있어 때로는 현실적이기보다 감성에 호소하는 경우가 있지만, AI는 입력된 데이터값에 의해 이성적 작용이 더 크게 작용할 수 있다. 즉 AI는 절차와 논리에 의해 이성적으로 일을 처리하기에 감정과 편견을 배제할 수 있는 장점이 있다. AI는 의사 결정에서 전문지식을 활용하여 인간보다 합리적 판단을 할 수도 있다. AI는 전문지식을 인간에게 제공하는 도움을 줄 수 있다. 예를 들어, 현재 AI는 주식시장에서 금융 관리에 도움을 주고있다. 병원에서는 인간의 의사 결정에 전문지식을 제공함으로써 인간을 돕고 있다.

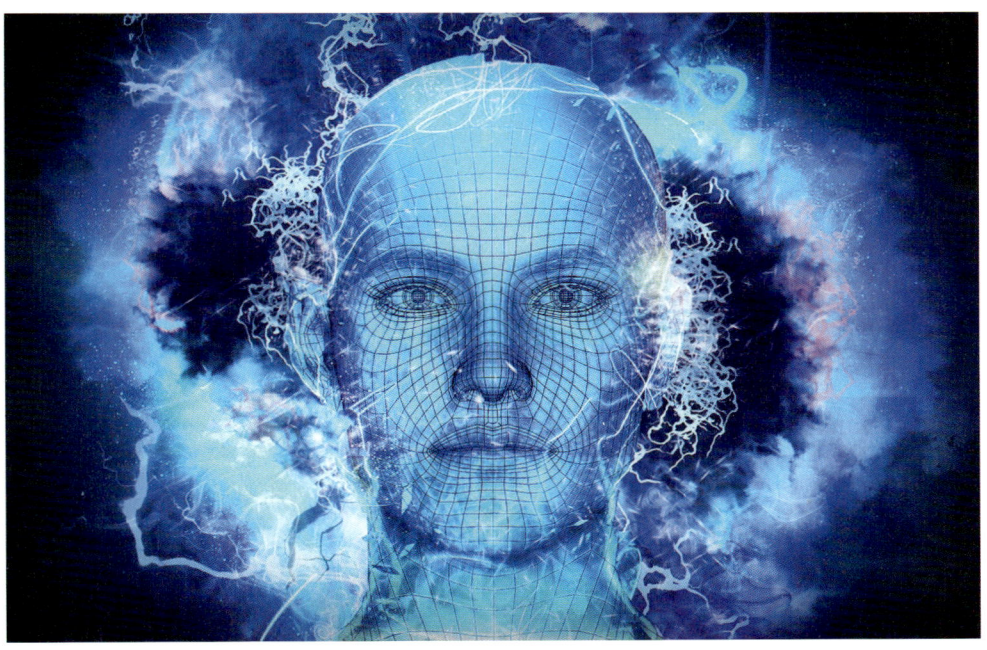

　질병에 대하여 예측과 진단을 하고 있고, 기업에서는 장비를 관리하는데 맞춤식 조언이나 정보를 제공하여 인간이 합리적인 의사결정을 하는데 도움을 주고 있다. 그 외로 AI가 가진 장점으로 개인맞춤형 개별화를 가능하게 한다는 것이다. 예를 들어 AI는 개별 소비자의 성향을 분석하여 그들에게 적합한 물품을 생산하거나 서비스를 제공할 수 있다. 이는 교육에서도 동일하게 적용될 수 있고, 교사들은 학생들의 수준에 따라 적합한 개별 맞춤형 교육을 제공할 수 있다.

AI 윤리에 대하여

AI 윤리에 대한 연구는 1960년대부터 등장했다. 그러나 산업의 발전은 AI 기술의 급격한 발달을 갖어왔고 그에 따라 AI 윤리에 대한 논의는 최근 몇 년 사이에 크게 부각되어지고 있다. 그럼에도 아직 AI 윤리의 정의에 대한 명확한 합의는 이루어지지 않고 있다.

어느 한 분야만을 대변하지 않으면서도 한쪽에 치우치지 않는 강력한 영향력을 갖는 성격의 AI 관련 정의가 필요하다. AI 윤리는 AI 연구, 개발, 적용 및 폐기를 포함한 AI 기술의 모든 단계에서 AI를 둘러싼 규범적 문제를 연구해야 한다. 여기에는 근본적인 가치, 방향, 원칙에 대한 문제를 포함한 다양한 수준의 윤리적 연구와 AI가 사회에서 윤리적으로 사용되도록 하기 위한 응용 윤리의 논의가 포함된다. 실제로 AI 윤리는 사회의 기본적 인권 및 기본적 자유에 대한 윤리적 영향과 관련된 의미를 설명하고 지침을 제공하는 데 중점을 두어야 한다는 연구보고가 있다.

AI 윤리 논의의 한계

현재는 AI 윤리에 대한 논의에 있어 한계점으로 그 주체가 모호하고 제한적이다. 다양하게 논의될수 없다는 점이 큰 난점이다. 이러한 제한적인 상황은 실제 AI 윤리 논의의 주체가 정부와 기업이라는 점에서 드러난다. 특정 그룹의 목적을 달성하기 위한 수단이 아닌 넓은 의미의 사회 속에서 다양한 영역에서 AI 윤리를 고려하여 AI가 영향을 미칠 수 있는 사회의 많은 영역의 규범적 함의가 필요하다. 그럼으로써 현재 상황에 맞는 AI 윤리의 개념적 정의가 유용해질 것이다.

인공지능 윤리를 '지금' 논해야 하는 이유

인공지능 윤리란 로봇 혹은 기타 인공지능을 설계, 제작, 사용함에 있어서 지켜야할 도덕적 규칙을 말한다. 인공지능 윤리 문제는 먼 미래의 일이 아닌 당장 해결해야 할 일이다. 2016년 러시아는 사람과 물체를 추적해 공격하는 킬러 로봇의 국경 배치를 시작했다. 이스라엘은 인간의 조작 없이 총기 공격이 가능한 킬러로봇 'Dog'를 개발하기도 했다. 미국과 중국 역시 킬러로봇과 드론을 실전에 배치하고 있다.

영화 Terminator의 'Skynet'처럼 인류말살을 목표로 무분별하게 인간을 죽이는 것은 아니지만, 군사 목적 하에 살상을 목적으로 한 인공지능 로봇은 이미 출시되었다. 만약 이 로봇들이 악용된다면 'Skynet'만큼 인류에게 위험한 적이 될 수도 있다. 다른 측면으로, 자율주행자동차가 탑승자의 안전만 고려하여 설계된다면 보행자나 다른 운전자에게 위협이 될 수도 있다. 반대로 보행자나 다른 운전자 보호를 우선하여 설계된다면 탑승자에게 손해를 입힐 수도 있다. 자율주행자동차 보급율은 매년 증가하는 추세다. 그러나 자율주행시스템에 대한 윤리적 기준 마련은 매우 미흡한 상황이다.

　인공지능이 성 또는 인종에 따라 대상을 차별하는 사례도 종종 보고되고 있다. Amazon이 개발하던 인공지능 채용 시스템이 여성보다 남성 지원자를 선호하는 패턴을 보여 성차별 논란이 일자 Amazon은 이 인공지능을 폐기했다. Apple과 Goldman Sacks가 협업해 출시한 신용카드의 발급 조건을 심사하는 인공지능이 소득. 자산 등 경제적 조건이 같음에도 불구하고 여성보다 남성에게 더 큰 카드 사용 한도를 부여하여 사회적으로 이슈가 되기도 했다.

　음성인식 인공지능 기계들은 대부분 미국 네이티브 발음을 기초로 제작되기 때문에 비네이티브 발음의 사용자들은 사용에 제약을 받는 경우가 있다. 또한, Buoloamwini와 Gebru의 연구 결과에 따르면 인공지능 안면 인식 기술이 백인 남성의 경우 단 1%의 오류를 보인 반면, 피부가 검은 여성의 경우 35%의 오류를 보였다. 이러한 사례들은 현재 인공지능 기술을 통한 수혜가 성별과 인종에 따라 차별을 보이고 있다는 점을 시사한다.

　오늘날 로봇, 자율주행, 의료기기, 교육기기 등 여러분야에서 인공지능이 적용된 제조물들이 다양하게 활용되고 있다. 이렇다보니 이 활용과정에서 인공지능의 인식 오류(외부정보수집 오류)로 인해 정보에 대한 해석 및 처리에 오류가 발생하기도한다. 그로인해 제조물로 인한 손해가 발생하게 된다. 이러한 문제를 사전에 방지하기위해서는 안전확보 방안이 필요하다. 또한, 사후에 책임의 주체와 방법을 규정하는 책임확보 방안까지도 지금 논의되어야 한다. .

AI와 교육적 쟁점

현재 인공지능AI이 교육현장을 어떻게 변화시키고 있는지, 교육자들이 알아야 할 것은 또 무엇인지 논의가 필요하다. AI와 교육 이슈는 인공지능AI이 교육현장에서 사용될 수 있는 여러 방법뿐만 아니라 AI 교육지원의 다양한 장.단점에 대한 논의를 필요로 하고있다.

교육에서의 AI윤리에 대한 논의 필요성

인공지능의 사회적 영향력이 커지면서 인공지능 교육윤리의 중요성은 더욱 강조되고 있는 시점이다. 미국 조지아 공대에서는 2016년부터 이미 AI조교가 온라인수업을 맡아 강의를 하고 있다. 일본 문부과학성에서도 초등학교 교육현장에 AI로봇을 활용해 영어 말하기 교육을 통해 사람의 부정확한 발음을 확실하게 교육하겠다는 발표를 했다. 중국 또한 500여 명의 AI교수 양성을 발표하였다. 이미 많은 국가들에서 AI프로그램을 통해 학습현장에서 문제 채점에서부터 개인별 맞춤학습 도우미로 활용되고 있다. 물론 아직은 AI 기술, 사회적 윤리적 제한점, 사람과 사람 간의 감정적인 교류, 학습 외에 학교에서 이루어지는 교육, 더 나아가서 AI가 예측하기 어려운 여러 교육 상황들을 고려할 때 교사의 전반적인 역할을 AI가 대체하는 것은 어렵다. 그러나 인간을 대신할 AI교사의 교육 시대가 곧 다가오고 있는 것도 사실이다.

이에따라, 우리는 AI에 대한 인식에서부터 학생과 교사를 대상으로 AI 윤리에 대한 윤리 인식 교육이 필요하다. 그러기 위해서는 각 교과 교육에서 AI 교육의 적용 시기, 적용 해야 할 교육내용, 교수 방법, 평가방법 등에 대한 구체적인 방법론들이 있어야 한다. 교육현장에서 교육과정을 실행하는 것은 현장 교사들이기 때문에 이러한 교사들을 대상으로 먼저 AI 교육과 AI윤리 인식에 대한 교육이 선행되어야 하고 사람과 사람 간에 갖는 일반적인 윤리 인식과 AI윤리는 많은 차이를 두기에 각 교과교육에서 AI 적용 가능성에 대한 논의와 이를 통해 각 교과교육에서의 AI의 적용 방안 및 윤리 인식을 탐색할 때인 것이다.

교육적 쟁점

선진국들은 이미 학교 교육에 AI를 적용한 개별 맞춤형 학습, 게이미피케이션Gamification: 게임이 아닌 분야에 대한 지식 전달, 행동 및 관심 유도 혹은 마케팅등에 게임의 매커니즘, 사고방식과 같은 게임의 요소를 접목시키는것), 학습 몰입도 측정, 학사

행정의 자동화 등을 진행하고 있다.

현재 우리나라도 초등과학교육에 AI를 기반으로 한 과학교육(이하, AISE: AI-based Science Education)의 변화를 논의하고 있다. 또한 '미래세대과학교육표준'이 개발되었고, 이 표준은 미래 과학교육과정을 개선하는 지표가 될 것이다. 2019년 교육부와 과학기술정보통신부, 한국과학창의재단의 과학계와 교육계 인사와 일반 시민 등 100여 명이 참석하여 합동 토론회를 거쳐 '모든 한국인을 위한 과학적 소양 교육의 길을 걷다'라는 주제로 미래세대 과학교육표준안이 개발되었다.

'미래세대 과학교육표준'은 과학교육의 발전 및 향후 비전과 실천방안에 대하여 지능정보사회의 속도에 맞춰 과학교육을 쇄신하고 발전시키고자 혁신적인 연구결과로서 표준안이 공개됐다. 교육부는 "30년 후 인재상과 역량, 과학적 소양 등 미래 과학교육의 가치와 방향을 제시했다"며 "현장에서 구현되도록 차기 국가 교육과정 개정 또는 과학교육 정책을 마련할 때 기초자료로 활용할 계획"이라고 한다.

그러나 발표안을 두고 전문가들은 검토의 필요성이 있다고 보고, 내용 구성이 실제 학문 지식 체계와 다르다는 의견에서부터, AI 교육과 관련한 교육내용과 방법, 평가 등이 잘 반영되어 있는지에 대한 검토 의견까지 다양한 제안이 나오고 있다.

먼저 초등과학교육에 AI 적용시 고려해야 할 사항으로는 우선, 교육의 가치 면에서 변화가 필요하다는 것이다. 즉 과학교육의 목표, 인재상, 과학적 소양 등에서 미래세대 학생들의 AI 역량을 반영할 필요가 있고 과학교육 과정에서 단순히 AI를 활용하는 것에서부터 AI를 구현하고 개발하는 단계에 이르기까지 점진적인 관점에서 AI와 관련한 과학교육의 목표나 과학적 소양 등을 수정, 보완할 필요가 있다고 한다. 교육의 주체도 변화가 필요하며 현재 학교에서 이루어지는 대부분의 교육은 한 교실에서 한 교사의 주도하에 다수의 학생이 학습을 하는데, 그러나 AI가 교육에 적용되면 초연결 교육환경이 형성되어 학부모, 강사, 기업, 전 세계의 교육 주체, AI강사, AI조교. AI프로그램 등 다양한 교육 주체가 서로 협력하는 교육환경을 제공할 것이다.

이에 따라, 교육에 인공지능을 적용하면 학습 참여자가 늘어날 수밖에 없기 때문에 교육과정의 성취기준, 교수학습방법, 평가방법의 개선이 필요하다는 제안이다. 또한 교육 내용에도 변화를 필요로 한다. 현재의 지식영역, 탐구영역, 태도 영역 또는 물리 분야, 화학 분야, 생명 분야, 지구과학 분야 중심의 과학교육 콘텐츠 시스템에서 미래세대 학생들의 역량 중심의 과학교육 콘텐츠 시스템으로의 전환이 필요하다. AI의 적용을 통해 미래세대를 위한 과학표준에서는 '과학적 지식과 소양을 겸비한 더불어 살아가는 창조적인 사람'을 인재상으로 제시하고 있다. AI가 적용된다면 과학적 소양과 관련된 대부분의 교육 내용은 개별 맞춤형 교육이 가능할 것이다.

그렇게 되면 창의적인 교육과 관련한 교육내용이 강조될 것이다. 따라서 과학 교육내용의 변화는 현재까지 이루어진 이전 교육과정 내 교육내용의 축소, 이동, 삭제, 조절 수준에서의 개선이 아니라, 미래시대를 대비한 학생들의 핵심역량을 중심으로 한 교육내용의 혁신이 필요하고 교수법에도 변화가 필요하다는 의견이다. 인쇄, 교육용 어플리케이션 등 다양한 교육 방법을 초등 과학 교육에 적용해야 할 것이다.

현재 국내에서는 VR 360° 영상이 가능한 디지털 콘텐츠가 제공되고 있지만, 그것들은 아직 미흡한 수준에 불과하고 또 다른 문제는 학교 교육환경이 부족하여 이러한 다양한 교육 자료와 방법의 적용이 제한적이라는 점이다. 현재 시범학교 형태로 정보교육, 스마트교실, 현대적 과학연구실, 무선 네트워크 환경 구축, 등의 교육환경 개선사업을 일부 학교에서만 시행하고 있다. 이로 인해 학생들은 동등한 교육을 받을 권리를 침해받고 있으며, 다양한 디지털 콘텐츠 활용에 불균형이 발생하고 있다.

정책기관에서는 공교육인 초등학교에서부터 이러한 물리적 교육환경을 우선 개선하여 학생들이 미래세대의 주역으로 성장하는데 필요한 틀을 마련해 주는 것이 시급하다고 본다. 또한, 현재 그룹으로 이루어지고 있는 실험형태도 개선이 필요하다. 모든 학생들이 과학적 탐구에 직접 참여하는데 제한적인 면이 많다. 그래서 학습의 낙오자와 방관자가 발생하는 문제가 있다. 과학 실험에서도 목적에 따라 개별 실험과 소그룹 실험이 가능하도록 교육 방법을 개선해야 한다. 교육의 시기도 변해야 한다. 학생들이 학습할 준비가 되어있을 때 교육도 효과적이라는 것은 잘 알려진 사실이다. 한국의 교육정책 변화는 학교 밖의 사교육 시장의 확대를 동반한다.

이것은 가족과 사회의 경제에 큰 영향을 미친다. AI를 공교육에 적용하면 수업 전·후는 물론이고 집에서도, 방학 중에도 시간과 장소에 구애받지 않고 학생들의 학습이 가능해진다. 교육의 장소에서도 변화는 필요하다. 학교 현장에서의 과학교육은 일반 교실, 과학연구실, 컴퓨터 실습실 및 야외 학습 공간에서 이루어지고 있다. VR과 관련하여 다양한 과학교육 콘텐츠가 개발된다면 과학교육의 개별화와 세계화가 동시에 가능할 것이다. 또한, 일반 강의실에 AI 교육환경이 구축되면 과학실 등 특수실이 아닌 일반 강의실에서 다양한 과학 연구가 가능해질 전망이다. 그 결과 학생들은 학교나 가정에서도 과학 수업 활동에 참여할 수 있으며 온/오프라인 협력 활동도 가능해진다. 현재 초등학교 과학교실 보급률은 지역에 따라 차이가 크다. 도시의 경우 대부분의 경우 학년 그룹당 하나의 과학실을 사용한다.

따라서 교육정책기관은 AI교육 학습 적용으로 인한 교육현장의 변화를 고려할 필요가 있다. 이를 바탕으로 과학교육 교실 환경 조성을 위한 방안이 마련되어야 한다는 것이다.

더 많은 교육의 쟁점들이 있겠지만 미래세대를 위한 시급한 방안들로써 초등과학교육에서 인공지능의 적용방안에 대한 전문가들의 다양한 제안들 중 상당분량의 제안 의견을 정리한 신원섭, 신동훈의 2020년 연구보고를 인용해 보았다.

이로써 AI 교육이 교실 현장에 적용됨으로써 국가 차원의 경제적 장·단점이 발생하겠지만 그보다 앞서 공교육의 정상화와 AI 적용 및 AI윤리교육에 따른 교육 혁신에 중점을 둘 필요가 있다. 모든 학생들이 본인이 처한 환경에 구애받지 않고 언제든지 양질의 학습을 할 수 있는 교육환경을 제공하는 것이 필요하겠다. .

AI와 과학, 공학적 관점

과학과 공학은 인류의 발전을 선진 하는 가장 중요한 두 분야라고 할 수 있다. 그것들은 우리가 우리 주변의 세상을 이해하고 우리의 삶을 향상시키는 새로운 기술을 개발할 수 있게 해준다. 이런 점에서 인공지능은 과학과 공학을 자유롭게 사용할 수 있게 하는 가장 중요한 도구 중 하나이다.

차세대 AI 대화모델 '람다LaMDA'

구글 최고경영자CEO '선다 피차이'는 구글의 목표를 "인류를 돕기 위한 유용성helpfulness"이라며 "언어는 인류의 근간이며, 구글은 언어를 더 잘 이해하는 AI와 같은 진보적 기술 개발에 더욱 노력할 것"이라며 "언어의 풍부함과 유연함은 인류 최고의 도구이자 컴퓨터과학의 가장 큰 과제"라면서 차세대 AI 대화 모델 '람다LaMDA'를 공개했다. '람다'는 사람처럼 대화가 가능한 인공지능이다. 람다는 이미 학습한 데이터에서 답을 찾는 기존 AI와 달리 사고와 추론을 통해 자연스럽고 창의적인 답변을 할 수 있다.

'람다'는 자신을 명왕성이나 종이비행기로 표현하면서 의인 화법까지 구사하면서 대화 상대자와 자연스럽게 농담을 하며 격려의 말까지 주고받는 모습이 화제를 모았다. 람다는 아직 연구 초반이지만 2, 3년 안에 다양한 제품에 접목해 소개할 수 있을 것이라며 특히 G메일(구글의 e메일 서비스)에 적용해 사람이 작성 중인 메일을 람다가 완성하는 기술도 가능할 것이라고 한다.

증강현실AR 및 그 외의 기술들

증강현실Augmented Reality기술은 사용자가 실제환경Real Environment에서 컴퓨터 모델링을 통해 생성한 가상의 환경.물체Virtual Environment와 결합해 보이게 하여 공간에 대하여 가상정보를 제공하는 컴퓨터 그래픽 시스템이다. AR기술은 기존 ICTInformation and Communication Technology 기술에 대대적인 혁신을 불러올 4차 산업혁명 시대의 핵심 기술 분야이다. 우리가 하나쯤은 누구나 손목에 가방에 모자 등에 착용 중에 있을 법한 착용 컴퓨터(안경, 시계, 의복 등과 같이 착용할 수 있는 형태로 된 컴퓨터)라고 불리는 웨어러블 기술wearable technology개발 또한 사람이 컴퓨터를 이용해 세상을 보다 확장된 시각으로 보고 판단할 수 있도록 개발될 것이고, AR Augmented Reality기술이 구현되면 우리는 구글지도를 열고 공간에 돌

아다니며 필요한 식당이라든지 쇼핑센터를 검색할 수 있게 된다. 구글의 '선다피차이'는 통역이 가능한 무선이어폰 '픽셀 버즈'도 인터페이스 변화를 경험할 수 있는 사례라고 특히 카메라로 사진을 찍으면 사물을 인식해 번역이나 검색 등을 돕는 도구로써 '구글 렌즈'를 강조했다. 구글 렌즈는 인간의 전문성을 도울수있어 AI 스캐닝이 유방 촬영 엑스레이를 더 자세히 정확히 판독해 유방암을 찾아낼 수 있도록 하며 모든 것은 이미지 인식에 기반하고 있다고 한다.

4차 산업혁명의 최초 인지

2016년 다보스 포럼에서 제4차 산업혁명이라는 개념에 대한 논의와 '클라우스 슈밥'이 직접 용어를 사용하기 시작한 것으로 알려져 있다. 이 용어는 독일의 '인더스트리 4.0'이라는 개념을 보다 확장시킨 것이다. 인터스트리 4.0이란 사물 인터넷IoT을 적극적으로 활용하면서 많은 산업 분야에서 생산의 자동화와 효율성을 극대화한 것을 의미한다. 제4차 산업혁명은 단순히 사물의 네트워크 측면만 포커스하기 보다는 이전의 기술들과는 다르게 인공지능AI을 포함하는 여러 혁신기술들을 산업화하는 것이라서 큰 변화를 예고하는 측면이 강하다.

산업혁명

산업 혁명이란 용어는 1844년 프리드리히 엥겔스가 《The Condition of

the Working Class in England》에서 처음 사용하였는데, 약 1만년 전 인류는 농업혁명 이후 아주 오랜 시간을 보낸뒤 18세기 중반 무렵에 일련의 산업혁명이 일어나기 시작했다. 1차 산업혁명은 18세기 중반부터 19세기 중반에까지 걸쳐 일어났다. 증기기관의 발명, 대규모 철도 건설 등의 기술을 바탕으로 기계생산을 선도하는 출발점이 되었다.

19세기 말에서 20세기 초까지 2차 산업혁명이 진행되었고, 전기를 사용하는 공장에서 생산 조립라인의 구동은 이전과는 극적으로 다른 대량생산의 가능성으로 이어졌다. 3차 산업혁명은 20세기 중반에 시작되어 개인용 컴퓨터, 반도체, 인터넷의 발달이 그 흐름을 주도했기 때문에 우리는 이를 컴퓨터 혁명 또는 디지털 혁명이라고 부르기도 한다.

4차 산업혁명의 차별성

4차 산업혁명은 단순히 장치와 시스템을 연결하고 기술을 스마트하게 만드는 것만이 아니라 훨씬 더 넓은 범위위 포괄성을 갖는다. 유전자 염기서열분석에서 나노기술에 이르기까지, 재생 에너지에서 양자 컴퓨팅에 이르기까지 거대한 진화가 동시에 일어나고 있는것이다. 이 모든 기술이 융합되고 물리학, 디지털, 생물학 분야가 상호 교류하는 4차 산업혁명 기술은 이전의 그 어떤 혁명과도 근본적으로 다른 모양을 갖는다.

수많은 기업, 기관, 단체에서 4차 산업혁명을 주도하는 다양한 기술의 목록을 갱신하고 있다. 사실 다양한 분야에서 진행되고 있는 과학적 진보를 통해 신기술의 한계를 명확하게 예측하기는 어렵다. 하지만, 새로운 기술 개발의 공통된 특성을 바탕으로 제4차 산업혁명의 메가트렌드 megatrend로서 세 가지 핵심 기술을 추출해내는 것이 가능할 수 있다. 이 세 가지 핵심 기술을 '클라우스 슈밥'은 본인의 저서를 통해 물리학 physical 기술, 디지털digital 기술, 생물학biological 기술이라고 전한다. '클라우스 슈밥'이 말하는 4차 산업혁명의 3가지 기술은 다음과 같다.

물리학physical 기술

첫 번째 기술로 물리학physical기술의 설명이다. 물리학 분야의 대표 기술들은 무인 운송수단과 3D 프린팅 기술이 있다. 그리고 첨단로봇공학과 신소재기술 등을 들 수 있다. 무인 운송수단 기술은 대표적으로 자율주행 자동차를 들 수 있다. 센서와 인공지능의 발달로 모든 자율조직 기계의 능력이 급격히 향상되고 있다. 그 결과, 드론은 국가마다 자국의 국방안보차원의 무기체계로의 도입 움직임도 활발하다. 상업용 저가의 드론은 이미 일반인들에게 상용화되고 있다.

다음으로 적층가공additive manufacturing이라고도 불리는 3D 프린팅 기술에대한 설명이다. 대형 발전기부터 소형 의료기기까지 폭넓게 사용되고 있으며, 기존의 제조생산방식은 다량을 생산해야 하는 시스템과 달리 맞춤형 소량 생산이 용이한 장점이 있다. 첨단 로봇 공학은 최근까지 자동차와 같은 특정 산업에서 제한된 작업만을 수행하던 국한된 모습에서 벗어나 인간과 로봇의 협업을 통해 차세대 로봇을 개발하려는 희망적인 모습도 제시하고 있다.

신소재 기술은 기존의 소재보다 더 강하고 가볍고 재생이 가능한 형태의 소재를 말한다. 헬스케어 분야에서는 장애인의 다리를 대신해 걸을 수 있도록 카본 소재 등을 사용한 가볍고 튼튼한 보조기 개발 뿐만 아니라 장애인이 입고 활동을 할 수 있는 신소재 웨어러블 개발한 성과를 거두고 있다. 이는 스마트 기술과 재활용 소재 개발의 결합을 통한 순환 경제에 대한 긍정적인 전망을 보여주는 것이기도 하다.

디지털digital 기술

디지털 기술이란 숫자로 정보를 처리하고 저장하고 전송하는 장치를 연구개발하는 기술이다. 4차산업혁명의 핵심기술중 하나로써 사물 인터넷, 빅데이터, 인공지능 등을 말한다. 기술의 이전 시대에는 사람과 사람을 연결하는데 중점을 둔 휴먼네트워크 시대였다면 4차산업시대는 사물과 인터넷을 연결시키는 초연결시대의 기술을 말한다. 사물인터넷IoT은 만물 인터넷이라고도 불린다. IoTInternet of Things는 각종 사물에 센서와 통신 기능을 내장하여 인터넷에 연결하는 기술로써 무선 통신을 통해 사람과 사람, 사물과 사물, 각종 가전제품, 모바일 장비, 웨어러블 디바이스 등을 연결하는 기술로 상호 소통하는 지능형 기술 및 서비스이다.

실생활과 가상 네트워크를 연결하는 다양한 디바이스가 빠른 속도로 발전하면서 더 작고 빠르고 저렴해진 스마트 센서기술들은 제조 공정뿐만 아니라 주거, 의류, 도시 개발, 제품 운송, 에너지 및 네트워크 분야에 내장되어 사용되고 있다. 디지털 기술은 다양한 상호 연결된 플랫폼을 기반으로 사회 모든 기반 시설을 비롯해 산업 전반에 영향을 미치고 있다.

생물학biological 기술

생물학 기술은 생물학과 관련된 분야이다. 생물학 기술 분야 또한 가파른 성장 속도로 진행되고 있다. 생물학 분야는 유전학, 미생물학, 합성생물학 등이 있고 의료학에 큰 영향을 미치고 있다. 생물(사람 또는 동물)의 DNA를 인위적으로 재조합하여 형질을 교체시켜 다양한 분야에 응용하여 활용하는 기술을 말한다. 즉, 생물체가 가지는 유전·번식·성장·자기제어, 물질대사 등의 기능을 활용해 인류에게 편리함을 재가공하여 제공하는 기술을 말한다.

과거에 많은 비용과 오랜 시간을 필요로 했던 인간게놈 연구Human Genome Project가 기술의 발전으로 현재에 생물학 기술은 게놈 활성화와 편집기술까지 가능해졌다. IBM의 의료 로봇 왓슨Watson을 활용한 질병 치료, 기록분석, 유전자 데이터 분석은 단 몇 분 만에 가능해졌다.

또한 합성생물학Synthetic Biology은 공학에 바탕을 두고 생명과학적 접근으로 자연 세계에 없는 생물의 구성요소와 시스템을 설계하고 제작하여, 자연 세계에 존재하는 생물시스템을 재설계하고 제작하는 두 분야 모두를 포괄한다. 이에 합성생물학의 발전은 의학분야에 지대한 영향을 끼치고 있으며, 농업이나 바이오 연료 생산에도 또 다른 혁신을 갖어다줄 것으로 전망하고 있다.

이처럼 이전의 산업과는 다르게 4차 산업혁명 시대는 위 핵심 기술들과 결합하여 산업 전반에 다양하게 적용 및 활용되어 빠른 속도로 인류를 새로운 환경으로 바꾸어놓을 것이다.

AI 이데아

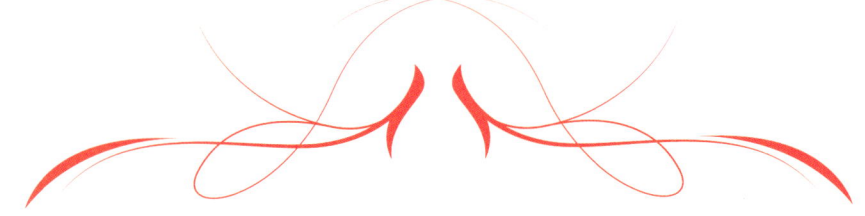

II. 인공지능 윤리를 다루기 위한 인륜적 규범

인공지능과 결부되는 규제적 움직임

급격한 속도로 인공지능AI기술은 발전하고 있다. 약인공지능에서 강인공지능으로 알고리즘이 더욱 사고하는 체계를 가지며 인간이 처리하던 정형화된 업무 프로세스들은 더욱 인공지능 로봇의 업무로 대체되고 있다. 인간만이 결정할 수 있는 의사 결정 프로세스들이 점점 인공지능으로 대체되고 있는 것이다. 우리 삶에서 우리가 통제하고 조정할 수 있었던 일들이 점점 통제할 수 없는 힘의 이전을 예견하는 것이다.

그러다 보니, 인공지능AI 관련한 이슈들은 끊임없이 발생되고 있고 우리는 법률적 방법들에 대하여 생각해 보아야만 한다. 인공지능이 어떻게 개발되고 제작되어 활용되는지에 따라 발생 되는 문제들도 다양하다. 그로 인해 법체계에는 어떠한 영향을 미칠 것인지에 대한 고찰이 필요한 것이다.

구글 기술의 변화에 따른 정부 규제

구글과 같은 거대 기술 기업들에게 세계 각 정부는 규제를 강화함에 따라 구글은 현지 법률을 준수할 것이라고 밝혔다. 기술의 급격한 변화에 따라 정부 규제의 범위도 확대되고 있으며 규제는 당연시되고 있다. 기술의 발달과 함께 기업은 받아들여야 하는 과정이라 할 수 있다. 구글의 입장은 최대한 해당 국가의 입법 과정에 맞추려고 노력하며 필요하다면 의견을 제시하고 표명하겠다는 입장이다. 또한, 정부의 법적 지침 또는 정보 요청에 대한 데이터를 공개하는 투명성 보고서를 게시하고 있다.

하지만 독점 논란에 대해서는 구글의 기술과 서비스가 사회에 지대한 공헌을 하고 있다고 강조하며 반박하고 있다. 구글이 가치 있는 제품을 만들어 경제에 유익한 영향을 미치기 때문에 사용자들이 구글을 선택하는 것이라고도 강조하고 있다. 미국 법무부는 2020년 구글을 반독점법 위반 혐의로 제소를 했었고, 한국에서도 구글이 자사 결제 시스템 이용을 강제하는 것은 시장독점의 남용이라는 비판이 일면서 이를 막기 위한 법안이 발의되기도 했다. 인도도 소셜미디어 운영사들이 준법 감시관과 고충처리 담당관을 두는 것을 의무화했다.

국내외적으로 논란을 불러온 미국 연방통신위원회 FCC: Federal Communication Commission의 '오픈 인터넷 규칙'이 마침내 발효되면서 구글은 '오픈인터넷' 규칙을 강조한다. FCC의 일명 '망중립'이라고 하는 원칙을 법제화 한 것으로 '망중립' 원칙은 모든 인터넷 상 콘텐츠와 접근 디바이스는 차별없이 동등한 취급을 받아야 한다는 의미이다. 구글은 체계화된 유용한 정보를 사용자들에게 제공함으로써 자유로운 의사표현을 할 수있도록 돕는 것이 구글의 중요한 사명임을 말하고 있다. 자유롭고 투명한 인터넷 환경을 만드는 것이 무엇보다 중요하다는 것이 구글의 입장이다.

[FCC 오픈 인터넷 규칙의 최종 제4원칙]

원칙	내용
투명성 Transparency	유무선 인터넷 접속 서비스 제공자는 네트워크 관리 및 기타 행위에 관한 정보를 합리적 수준에서 공개하여 이용자 및 컨텐츠, 어플리케이션, 서비스 제공자들이 합리적인 서비스 선택, 제공을 할 수 있도록 해야 한다.
차단금지 No Blocking	유선 인터넷 접속서비스 제공자는 합리적 네트워크 관리를 위한 경우를 제외하고 이용자가 선택한 합법적인 컨텐츠, 어플리케이션, 서비스, 유해하지 않은 합법적 기기를 이용자가 선택하여 유선 네트워크에 연결, 이용하는 것을 막을 수 없다. 모바일 인터넷 접속서비스 제공자는 합리적 네트워크 관리의 경우를 제외하고 이용자가 선택한 합법적인 웹사이트에 접속하는 것을 막아서는 안되며 제공자의 음성, 비디오 통신 서비스와 경쟁하는 어플리케이션을 차단할 수 없다.
비차별성 No Unreasonable Discrimination	유선 인터넷 접속 서비스 제공자는 합리적 네트워크 관리의 경우를 제외하고 합법적 네트워크 트래픽 전송을 불합리하게 차별해서는 안 된다.
합리적인 네트워크 관리 Reasonable Network Management	Case-by-case 고려 / 단, 합리적이고 합법적 목적의 네트워크 관리는 허용됨을 일반 기준으로 제시 합리성 - 초고속 인터넷 접속 서비스의 특정 네트의 아키텍쳐와 기술을 고려, 합법적인 네트의 관리 목적을 달성하는데 적절하게 조정되었다면 합리적인 것으로 인정된다. 합법적 목적 : 네트의 보안 및 신뢰성관리 (유해하거나, 이용자가 원치 않는 트래픽 제한), 혼잡관리 등은 합법적인 목적으로 인정된다.

출처 : 2020 ㈜한국인터넷자율정책기구

법적 쟁점으로 대두 되는 것

AI 관련 개인정보보호 6대 원칙 기본방향 AI 기술·서비스의 개인정보 처리 특성을 고려한 개인정보보호를 위해서는 현행 법령에 따른 개인정보보호 의무사항 준수뿐만 아니라, 자율적 보호활동 및 윤리적 이슈 대응이 중요하다.

이에 국제적으로 통용되는 개인정보 처리 원칙을 담고 있는 「개인정보보호법」상 보호 원칙(§3)을 기본으로, 자율적 보호활동을 위한 「개인정보보호 중심 설계」Privacy by Design 원칙, 윤리적 이슈 대응을 위한 「AI 윤리기준」(2020.12, 과학기술정보통신부)을 반영하여, AI 관련 개인정보보호 6대 원칙을 도출하였다.

[AI관련 원칙 정리]

<6대 원칙 설명>

① 적법성 개인정보의 수집·이용·제공 등 처리의 근거는 적법·명확해야 한다.
② 안전성 개인정보를 안전하게 처리하고 관리한다.
③ 투명성 개인정보 처리 내역을 정보주체가 알기 쉽게 공개한다.
④ 참여성 개인정보 처리에 대한 소통체계를 갖추고 정보주체의 권리를 보장한다.
⑤ 책임성 개인정보 처리에 대한 관리 책임을 명확히 한다.
⑥ 공정성 개인정보를 수집 목적에 맞게 처리하여 사회적 차별·편향 등 발생을 최소화한다.

<개인정보 보호법] 상 개인정보보호 원칙>

① 필요 최소한의 정보 수집 및 처리 목적의 명확화
② 목적 범위 내에서 적법하게 처리, 목적 외 활용금지
③ 처리목적 내에서 정확성·완전성·최신성 보장
④ 권리침해 가능성 등을 고려하여 안전하게 관리
⑤ 개인정보 처리 내역의 공개 및 정보주체의 권리보장
⑥ 사생활 침해를 최소화하는 방법으로 처리
⑦ 익명 및 가명 처리의 원칙
⑧ 개인정보처리자의 책임준수·신뢰확보 노력

<개인정보 보호 중심설계>

① 사후 조치가 아닌 사전 예방
② 초기 설정부터 프라이버시 보호 조치
③ 프라이버시 보호를 내재한 설계
④ 프라이버시 보호와 사업기능의 균형
⑤ 개인정보 생애주기 전체에 대한 보호
⑥ 개인정보 처리 과정에 대한 투명성 유지
⑦ 이용자 프라이버시 존중

<AI 윤리기준>

① 인권보장
- 인공지능의 개발과 활용은 모든 인간에게 동등하게 부여된 권리를 존중하고, 다양한 민주적 가치와 국제 인권법 등에 명시된 권리를 보장하여야 한다.
- 인공지능의 개발과 활용은 인간의 권리와 자유를 침해해서는 안 된다.

② 프라이버시 보호
- 인공지능을 개발하고 활용하는 전 과정에서 개인의 프라이버시를 보호해야 한다.
- 인공지능 전 생애주기에 걸쳐 개인 정보의 오용을 최소화하도록 노력해야 한다

③ 다양성 존중
- 인공지능 개발 및 활용 전 단계에서 사용자의 다양성과 대표성을 반영해야 하며, 성별·연령·장애·지역·인종·종교·국가 등 개인 특성에 따른 편향과 차별을 최소화하고, 상용화된 인공지능은 모든 사람에게 공정하게 적용 되어야 한다.
- 사회적 약자 및 취약 계층의 인공지능 기술 및 서비스에 대한 접근성을 보장하고, 인공지능이 주는 혜택은 특정 집단이 아닌 모든 사람에게 골고루 분배되도록 노력해야 한다.

④ 침해금지

• 인공지능을 인간에게 직간접적인 해를 입히는 목적으로 활용해서는 안 된다.

• 인공지능이 야기할 수 있는 위험과 부정적 결과에 대응 방안을 마련하도록 노력해야 한다.

⑤ 공공성

• 인공지능은 개인적 행복 추구 뿐만 아니라 사회적 공공성 증진과 인류의 공동 이익을 위해 활용해야 한다.

• 인공지능은 긍정적 사회변화를 이끄는 방향으로 활용되어야 한다.

• 인공지능의 순기능을 극대화하고 역기능을 최소화하기 위한 교육을 다방면으로 시행하여야 한다.

⑥ 연대성

• 다양한 집단 간의 관계 연대성을 유지하고, 미래세대를 충분히 배려하여 인공지능을 활용해야 한다.

• 인공지능 전 주기에 걸쳐 다양한 주체들의 공정한 참여 기회를 보장하여야 한다.

• 윤리적 인공지능의 개발 및 활용에 국제사회가 협력하도록 노력해야 한다.

⑦ 데이터 관리

• 개인정보 등 각각의 데이터를 그 목적에 부합하도록 활용하고, 목적 외 용도로 활용하지 않아야 한다.

• 데이터 수집과 활용의 전 과정에서 데이터 편향성이 최소화되도록

데이터 품질과 위험을 관리해야 한다.

⑧ 책임성

• 인공지능 개발 및 활용과정에서 책임주체를 설정함으로써 발생할 수 있는 피해를 최소화하도록 노력해야 한다.

• 인공지능 설계 및 개발자, 서비스 제공자, 사용자 간의 책임소재를 명확히 해야 한다.

⑨ 안전성

• 인공지능 개발 및 활용 전 과정에 걸쳐 잠재적 위험을 방지하고 안전을 보장할 수 있도록 노력해야 한다.

• 인공지능 활용 과정에서 명백한 오류 또는 침해가 발생할 때 사용자가 그 작동을 제어할 수 있는 기능을 갖추도록 노력해야 한다.

⑩ 투명성

• 사회적 신뢰 형성을 위해 타 원칙과의 상충관계를 고려하여 인공지능 활용 상황에 적합한 수준의 투명성과 설명 가능성을 높이려는 노력을 기울여야 한다.

• 인공지능기반 제품이나 서비스를 제공할 때 인공지능의 활용 내용과 활용 과정에서 발생할 수 있는 위험 등의 유의사항을 사전에 고지해야 한다. (과학기술정보통신부, 2020)

개인정보 침해를 예방하기 위한 안내서

　인공지능AI 서비스의 개발과 운영 시 발생할 수 있는 개인정보 침해를 예방하기 위한 안내서가 발표됐다. '개인정보보호위원회'는 산업계 의견 수렴 및 전문가, 전체회의 논의 등을 거쳐 'AI 개인정보보호 자율점검표(개발자·운영자용)'를 확정해 아래와 같이 공개했다.

　'개인정보보호위원회'에서 공개한 안내서는 인공지능 설계, 개발·운영 과정에서 개인정보를 안전하게 처리하기 위해 지켜야 할 개인정보보호법 상 주요 의무·권장사항을 단계별로 자율적으로 점검할 수 있도록 정리했다. 업무처리 모든 과정에서 지켜져야 할 적법성, 안전성, 투명성, 참여성, 책임성, 공정성 등 6가지 원칙과 이를 기반으로 8개로 나눈 단계마다 점검할 항목 16개, 확인사항 54개 등을 함께 제시해 개인정보보호가 이뤄질 수 있도록 지원한다.

　해당 안내서는 대규모 데이터의 처리, 복잡성·불투명성, 자동화·불확실성 등 인공지능의 개인정보 처리 특성을 고려해 개인정보 보호법, 과기정통부가 발표한 AI 윤리기준, 국제적으로 통용되는 개인정보보호 중심 설계 원칙 등을 반영했다. 업무처리 단계별(8단계) 주요 점검항목은, 우선 △기획·설계 단계에서는 인공지능 서비스 특성상 예상치 못한 개인정보 침해가 발생할 수 있으므로 사전 점검과 예방을 위해 개인정보보호 중심 설계 PbD 원칙을 적용하고, 침해가 우려되는 경우 개인정보 영향평가를 수행하도록 했다.[개인정보보호위원회]

PbD Privacy by Design 원칙

PbD Privacy by Design 원칙이란 제품·서비스 개발 시 기획 단계부터 개인정보 처리의 전체 생애주기에 걸쳐 이용자의 프라이버시를 고려한 기술·정책을 설계에 반영하는 것을 의미하며, 국제적으로 통용되는 개인정보 보호 원칙이다.

개인정보 수집 단계에서 인공지능 개발 운영 시 대규모 개인정보가 수집·이용되는 점을 고려하여 적법한 동의방법, 동의 이외의 수집근거 확인, 공개된 정보 등 정보주체 이외로부터 수집 시 유의사항을 점검하도록 하고, 동의 방식 예시를 제시해 잘못된 방법으로 동의를 받지 않도록 안내했다.

가령, '신규 서비스 개발'을 위한 개인정보 수집 동의 시 'OO 서비스의 챗봇 알고리즘 개발'과 같이 목적을 구체적으로 작성하고, 이용자가 충분히 이해·예측할 수 있도록 '신규 서비스'의 의미 등을 구체적으로 알려야 한다.

서비스 이용·제공 단계에서 개인정보는 수집 목적 내 이용·제공해야 하고, 목적 외 이용은 적법한 근거를 확인하도록 했다. 동의 없이 가명처리 및 활용하려는 경우 과학적 연구, 통계작성 등 허용된 목적인지, 관련 기준에 부합하는지 등 점검내용을 제시하고, 학습데이터의 가명 처리 시 유의사항, 가명정보의 공개제한 등도 안내했다. 가령, 소셜 미디어 대화 데이터의 경우 발화자의 식별정보뿐만 아니라 특정 개인의 식별 가능 정보 또는 사생활 침해 우려 정보도 가명 처리가 필요하다.

개인정보 보관·파기 단계에서는 개인정보의 유/노출 및 해킹 방지를 위한 안전조치를 점검하고, 개인정보가 불필요해지면 안전하게 파기하도록 했으며 △AI 서비스 관리·감독에서 개인정보 취급자, 개인정보 처리업무 수탁자에 대한 관리·감독을 수행하도록 해, 인공지능 개발·운영과정에서 직원의 실수 또는 고의로 개인정보 침해가 발생하지 않도록 했다.

이용자 보호에서는 개인정보 처리내역을 처리방침에 투명하게 공개, 개인정보의 열람·정정·삭제·처리정지 등 정보주체의 권리보장 절차 마련; 이행, 개인정보 유출사고에 대비한 점검내용을 제시했다. 또한, 인공지능 기술 발전과 서비스 등장에 따른 다양한 개인정보 침해를 예방하고자 개인정보 보호 활동을 자율적으로 수행할 것을 권장했으며 마지막으로 개인정보 처리 시 사회적 차별, 편향 등이 최소화되도록 점검·개선하고, 윤리적 이슈에 대한 판단은 AI 윤리기준을 참고할 수 있도록 했다.

차별점

그동안 국내·외에서 논의된 AI 관련 프라이버시에 관한 사항은 추상적인 원칙 수준이었으나, 이번 자율점검표는 AI 서비스의 개인정보 침해사례와 산업계의 관심사항을 구체적으로 반영해 현장에 도움이 되도록 했다. 자율점검표는 인공지능뿐만 아니라, 다양한 ICT 서비스의 개발·운영에도 활용될 수 있어 신기술 분야의 개인정보 침해 요인을 사전에 예방하는 데 크게 도움이 될 것으로 기대된다.

'개인정보보호위원회'는 점검표가 AI 분야 현장에서 널리 활용될 수 있도록 적극적인 홍보와 함께 AI 스타트업 대상 설명회를 개최하고 중소기업 컨설팅·교육 등에도 적극 활용할 예정이다. 아울러, 관련 기술의 급속한 발전, 개인정보보호 관련 법령의 제·개정 등 인공지능을 둘러싼 환경의 변화를 반영할 수 있도록 자율점검표를 지속적으로 현행화해 나갈 계획이라고 한다.

또한, '개인정보보호위원회'는 AI 개발자·운영자가 자율점검표의 적극적 활용으로 인공지능으로 인한 개인정보 침해를 예방하고, 보다 안전하고 신뢰할 수 있는 인공지능 서비스 환경을 조성할 예정이다. 그렇게 함으로, 앞으로도 바이오 정보, 자율주행차, 드론 등 신기술 등 환경적 변화에 대응해 현장에서 개인정보가 안전하게 보호될 수 있도록 할 계획임을 밝혔다.

인공지능과 관련된 법적인 쟁점

유럽의회European Parliament와 유럽연합 이사회Council는 2020년 10월 22일 유럽연합 집행위원회European Commission에 [인공지능 시스템의 운영에 따르는 책임에 관한 유럽의회 및 이사회 규정안]Proposal for a Regulation of the European Parliament and of the Council on Liability for the Operation of Artificial Intelligence-Systems을 제안하는 보고서에 대한 결의안을 채택하였다.

보고서는 아래와 같은 원칙을 중심으로 작성되었다. 먼저 단일화된 규제를 통한 완전한 디지털시장의 조화가 필요하다는 점을 지적하였다. 인공지능AI 시스템의 개발로 인해 제기된 새로운 법적 문제는 생산자, 운영자, 영향을 받는 당사자 및 기타 제3자를 포함한 책임 사슬 전반에 걸쳐 최대한의 법적 신뢰를 구축하여 해결해야 한다. 특히 중소기업이나 스타트업이 개발한 기술, 제품, 서비스의 경우 AI 혁신을 저해할 우려가 있어 과도한 규제는 없어야 한다.

AI에 대한 민사 책임 규정은 혁신과 AI 시스템에 대한 투자에 대한 비즈니스 인센티브와 대중 보호 사이의 균형을 유지하기 위해 노력해야 한다. 그리고 기존의 책무성 프레임워크를 교체하는 대신 새롭고 미래 지향적인 아이디어를 도입하여 조정해야 한다. 규제 및 제품에 대한 책임 지침은 AI 시스템에 대한 공동 책임 프레임워크의 두 중심을 이루며 유럽 연합 및 회원국 수준에서 긴밀한 조정이 필요하다. AI 시스템의 피해 여부와 관계없이 시민들에게 동일한 수준의 보호와 권리를 부여하여 신기술에 대한 신뢰를 강화해야 한다. 이 경우 중대하거나 중대하지 않은 손상, 부상 또는 피해를 모두 고려해야 한다.

위와같은 중심 원칙에 따라 해당 보고서에서는 인공지능 시스템의 책임을 위한 유럽 의회 및 이사회 규정Regulation 초안을 작성하였고, 이는 주로 인공지능 시스템과 관련된 민사 책임에 대한 규정을 구체화한 것이다.

지적 재산권 쟁점

인공지능 기술의 개발에 따른 지적 재산권에 대한 보고서는 2020년 10월 2일에 발간되어 10월에 유럽의회에서 채택되었다. 해당 보고서는 인공지능 윤리 프레임워크 보고서와 인공지능 민사 책임 보고서와는 다르다. 채택된 보고서는 위원회에 대한 권고 보고서가 아니다. 앞의 보고서가 관련 규정Regulation 초안이 함께 첨부되어 있었던 것과는 다르게 유럽의회 결의 상황 및 해당 내용에 대한 설명문과 각 위원회의 일부 의견들이 들어있을 뿐 내용 면으로도 보고서의 양이 매우 적다. 아직 세부적인 내용 규정으로는 많이 미흡한 상태로 얼마나 명확하게 만들겠다는 것인지에 대해서도 불확실하다.

보고서를 통해 확인할 수 있는 것

보고서를 통해 알 수 있는 것으로는 AI 및 관련 기술은 특정 저작권 보호 체제의 대상이 되는 컴퓨터프로그램의 생성 및 실행을 기반으로 하지만 컴퓨터프로그램의 표현만 보호될 수 있으며 기본 아이디어, 방법 및 원칙은 규정되지 않았다. AI 및 관련 기술의 발전은 혁신기술 자체의 보호와 AI 및 관련 기술에 의해 생성된 콘텐츠 및 데이터에 대한 기존 지적 재산권 법 적용에 대한 질문을 제기한다.

이러한 질문과 관련하여 보고서는 다음과 같은 방향을 제시하고 있다. 우선 업스트림에서는 인공지능의 발전에 비추어 특허법 평가에 대한 검토가 우선돼야 한다고 한다. 이는 알고리즘, 수학적 방법 및 컴퓨터 프로그램이 특허를 받을 수 없지만, 특허 가능한 기술 발명의 일부를 형성할 수 있기 때문에 중요하다.

또한, 다운스트림에서는 특정 의사 결정 프로세스의 자율성 증가가 기술적 또는 예술적 창작으로 이어질 수 있으며 이를 고려한 모든 지적 재산권에 대한 평가가 유럽 연합의 법률 분야에서 최우선 순위가 되어야 한다는 점을 강조한다. 또한, 저작권과 관련하여 저작물에 작가의 개성을 인식시키는 독창성 조건이 인공지능 창작물 보호에 장애가 될 수 있으나 일반적으로 인공지능 창작물은 상대적으로 새롭고 참신하다는 객관적 개념을 추구한다. 그렇기에 하나의 예술 작품으로 인정받을 수 있는 방향으로 나아가고 있다는 평가다.

우리는 기본 기술의 설계자가 사용에 반대하거나 반대하지 않은 경우 이러한 창작물을 합법적으로 준비하고 게시하는 자연인에게 저작권을 부여할 것을 제안한다. 끝으로 AI 기술 개발에서 데이터의 필수적인 역할을 고려할 때 AI 혁신을 촉진하기 위해 유럽연합에서 생성된 데이터의 공유를 장려하는 것이 중요하다고 생각한다. 보고서는 단기적으로 유럽 공통 데이터 영역의 거버넌스를 위한 포괄적인 입법 프레임워크에 대한 위원회의 향후 제안을 촉진하며, 중기적으로는 Open Data Directive의 전환 및 라이선스 계약 체결을 제안한다.

AI 윤리 지침 현황

인공지능의 상용화 속도가 빠르게 진행되면서, 상용화의 범위 역시 광범위해지고 있다. 또한, 인공지능 비서, 반려로봇, 친구 등 인간과 가까이에서 직접 상호 의사전달을 하는 인공지능이 많아지고 있는 만큼 인공지능의 윤리적 문제해결에 대한 대책 마련이 시급하다. 이에 정부, 기관, 기업뿐만 아니라 EU와 같은 범국가적 기구에서도 최근 인공지능 윤리 연구에 대한 다양한 접근을 시도하고 있다.

윤리 연구 패러다임

전기전자공학자협회IEEE가 2016년에 출간한 'Ethically Aligned Design'은 100여명의 인공지능, 법, 윤리, 철학 등 각 분야의 전문가들에 의해 작성되었다. 현재까지 인공지능 윤리 연구의 패러다임을 살펴보면, 인공지능 윤리 연구는 크게 문헌 연구와 설문 및 실험 연구로 진행되었다. 문헌 연구에서 주로 인공지능 윤리의 중요성과 윤리적 인공지능 디자인 원칙을 다뤘다.

전기전자공학자협회 IEEE

IEEE는 2016년부터 자율 시스템 개발과 설계에 있어 필요한 윤리적으로 고려되어야 할 사항들을 전파하는 데 앞장서고 있는 단체다. 그런 작업의 일환으로 IEEE 자율시스템 이니셔티브 https://ethicsinaction.ieee.org를 마련해 활동을 하고 있다. '윤리적 설계 Ethically Aligned Design'는 인공지능이 올바르게 설계되고 관리되도록 하는 내용을 다루며 인공지능을 기반으로 한 시스템의 가치를 정하고, 내부에서 인공지능 윤리 프레임워크를 설명하고 있다.

2017년 Shahriari & Shahriari의 윤리적 설계 Ethically Aligned Design에 따르면, 막연히 사람들이 느끼는 인공지능에 대한 다양한 공포감 내지는 두려움을 극복하기 위해서는 인간존중에 대한 가치를 우선하는 인공지능이 제작되어야 하고, 이를 위해서는 인공지능 제작과정에 인권 human right, 웰빙 well-being, 데이터 에이전시 data agency, 효과성 effectiveness, 투명성 transparency, 책임감 accountability, 오용에 대한 인식 awareness of misuse 그리고 유능성 competence 이 8가지 원칙이 고려되어야 한다고 설명하고 있다.

AI Ethics defined by IEEE [Source : Shahriari & Shahriari, 2017]

인권 - 인공지능은 인권을 존중하고 증진하며 보호하기 위해 만들어지고 운영되어야 한다.

웰빙 - 인공지능 개발자는 인간 복지 증진을 최우선으로 해야 한다.

데이터 - 데이터 에이전시 사용자가 데이터 접근, 보호, 통제의 권한을 가져야 한다.

효과성 - 인공지능의 사용 목적과 효과성이 입증되어야 한다.

투명성 - 인공지능의 의사결정과정은 항상 공개될 수 있어야 한다.

책임성 - 인공지능은 모든 결정에 대한 명확한 근거를 제공할 수 있어야 한다.

오용에 대한 인식 - 인공지능 개발자는 인공지능의 모든 잠재적 오용 및 위험 가능성으로부터 사용자를 보호해야 한다.

유능성 - 인공지능 운영자는 안전하고 효과적인 운영을 위한 지식과 기술을 보유해야 한다.

이를 정리하자면 인공지능은 사람의 인권을 보호하고 존중해야 하며 인간의 삶이 행복해지도록 돕는 것을 최고의 목표로 제작되어야 한다. 또한, 사용자는 인공지능으로부터 자신의 데이터에 액세스하고 보호하고 제어할 수 있는 권한이 있어야 하며 인공지능은 최적의 효율성을 목표로 생성된 목적에 대해서만 작동해야 한다. 인공지능의 의사 결정 과정은 투명하게 공개되어야 한다. 또한, AI는 사용자에게 모든 결정에 대한 명확한 근거를 제공하도록 설계되어야 한다. 그리고 인공지능의 오남용 가능성을 모두 공개하고 이를 방지하기 위한 노력을 기울여야 하며, 인공지능 운영자는 인공지능의 안전하고 효과적인 운영을 위한 지식과 기술을 갖추어야 한다.

윤리지침 – 인권

IEEE 윤리 가이드라인에 따르면 인권 항목에서는 인권을 존중하고 증진시키며, 인권보호를 위해서 인공지능이 만들어지고 운영 되어야 하며, 웰빙 측면에서도 AI 개발자는 인간 복지 증진을 우선시해야 한다고 정하고 있다. 또한, 사용자는 데이터 대행자로서 데이터에 액세스하고 보호하고 제어할 수 있는 권한이 있어야 하며 인공 지능을 사용하는 목적과 효과성이 증명되어야 한다. 그러는 동시에 AI의 의사결정 과정은 투명성을 보장하기 위해 항상 공개되어야 하며 AI는 모든 결정에 대한 명확한 근거를 제공할 책임이 수반되어야 한다.

AI 개발자는 인공지능의 오남용의 위험으로부터 사용자를 보호하기 위해 AI의 모든 잠재적인 오용 및 위험 가능성을 인식해야 한다. 또한, AI 운영자는 안전하고 효과적인 운영을 위하여 지식과 기술을 보유해야 하며 AI 운영에있어 유능한 능력또한 갖추어야 한다.

IEEE의 인공지능 윤리지침은 인간 중심 human-centric 으로 생각하고 구동되는 인공지능의 디자인을 강조하면서 이러한 원칙을 위반하는 인공지능이 등장한다면 인공지능의 상용화는 인류에게 아주 불행한 일이 닥칠 것으로 경고했다.

이와 같이, IEEE의 보고서는 AI 윤리의 중요성에 대한 다양한 분야의 의견을 정리한 최초의 문서이며, 많은 국가와 기관, 기업들이 이 보고서를 기반으로 AI 윤리 정책을 수립하고 있다는 점에서 아주 큰 의미가 있다.

가까운 미래의 AI

현재 우리의 삶은 인공지능과 밀접한 연관관계를 맺고 있으며, 사회 각 분야에서도 다양한 형태로 인공지능이 인간의 업무를 대체하고 있는 실정이다. 머지않아 가까운 시기에 인간의 삶에 전방위적으로 영향을 미치는 인공지능들이 상용화될 것이다. 이처럼 우리 생활과 밀접한 인공지능을 우리는 '인공지능 로봇'이라고 칭한다. 인공지능 로봇은 인간과 같은 감성과 지능을 지닌 로봇을 말하며, 미래 사회에서는 인간과 인간 사이에 정치, 경제, 사회, 문화, 교육, 종교,윤리,철학 등 많은 분야에서 다각화된 변화가 일어날 것으로 예상한다.

로봇윤리헌장

우리나라는 2007년 세계 최초로 국가적인 차원에서 '로봇윤리헌장'을 제정하려고 시도하였다. 로봇의 상용화를 예견하고 이에 대비하고자 과학자, 의사, 심리학자, 변호사, 공무원 등 12명으로 구성된 로봇윤리 협의체가 초안을 만든 것이다.

그러나 그 당시 초안만을 발표하였으며, 로봇윤리헌장을 공식화하지는 않았다. 로봇윤리헌장의 제정은 미래에 인간과 로봇이 서로 협업하면서 상생해가는 과정에 인간의 존엄성을 존중하고 인류의 공공선을 추구함과 동시에 인간 삶에 본연의 가치인 행복과 사랑, 자유와 평등, 정의와 배려, 공정과 상식을 누릴 수 있는 미래 사회를 건설하기 위한 필수요건이라 할 수 있다.

2007년에 제안된 로봇윤리헌장 전문에 나온 원칙들을 살펴보면, 인간은 로봇을 설계하고 제조하고 사용할 때 항상 생명의 존엄성 및 생명 윤리를 보호하고 지켜야 한다고 명시하고있다. 그 내용은 다음과 같다.

　1장(목표) – 로봇윤리헌장의 목표는 인간과 로봇의 공존공영을 위해 인간중심의 윤리규범을 확인하는 데 있다.
　2장(인간, 로봇의 공동원칙) – 인간과 로봇은 상호간 생명의 존엄성과 정보, 공학적 윤리를 지켜야 한다.
　3장(인간 윤리) – 인간은 로봇을 제조하고 사용할 때 항상 선한 방법으로 판단하고 결정해야 한다.
　4장(로봇 윤리) – 로봇은 인간의 명령에 순종하는 친구·도우미·동반자로서 인간을 다치게 해서는 안 된다.
　5장(제조자 윤리) – 로봇 제조자는 인간의 존엄성을 지키는 로봇을 제조하고 로봇 재활용, 정보보호 의무를 진다.
　6장(사용자 윤리) – 로봇 사용자는 로봇을 인간의 친구로 존중해야 하며 불법개조나 로봇남용을 금한다.
　7장(실행의 약속) – 정부와 지자체는 헌장의 정신을 구현하기 위해 유효한 조치를 시행해야 한다.

로봇윤리헌장의 문제점

　그러나 이 로봇 윤리 헌장에는 몇 가지 문제가 있다.
　첫 번째, 문제점은 표현의 모호성으로 인해 문제가 발생할 수 있다는 점이다.

두 번째, 문제로는 '로봇 디자이너' '로봇 제조사' '로봇 사용자'의 문제다.

세 번째, 문제로는 로봇과 인간의 관계 구축이다. 로봇윤리헌장의 가장 큰 원칙은 인간과 로봇이 밀접한 상호관계를 확립하고 인간과 로봇의 공존 속에서 인간이 로봇을 어떻게 사용할 것인가를 명시하는 것이다.

로봇윤리헌장의 수정

'한국로봇산업진흥원'에서는 2018년 '로봇윤리헌장 개선안'을 발표하면서 로봇윤리헌장 제정과 법제화를 위한 시도를 시작했다. 서울교육대학교변순용교수(외5인)는 위에서 지적한 문제점을 바탕으로 로봇윤리헌장의 전문을 수정하였다. 시대적 변화, 로봇윤리헌장의 필요성, 로봇윤리헌장의 목적 그리고 로봇윤리헌장의 공포로 구성하였고 기본원칙으로서 로봇윤리 5원칙은 다음과 같다.

첫째, 로봇은 인간의 존엄성을 존중해야 하며, 인류의 공공선을 실현하는 데 기여해야 한다.

둘째, 로봇은 인류의 공공선을 침해하지 않는 범위 내에서 인간의 존엄성을 추구해야 한다.

셋째, 로봇은 인간의 존엄성 존중과 인류의 공공선 실현의 원칙을 위배하지 않는 범위 내에서 사용자의 명령을 준수해야 한다.

넷째, 로봇은 위의 원칙들을 준수해야 하며, 이에 대한 책임은 설계 및 제작자에게 있다.

다섯째, 로봇은 설계 및 제작의 목적에 부합하여 사용되어야 하며, 그 이외의 사용에 대한 책임은 사용자에게 있다.

인공지능 로봇의 개발과 활용 과정에서 발생할 수 있는 사회적 문제를 해결하기 위해 인공지능과 로봇에 대한 윤리적 지침을 제시한다. 로봇에 관련된 사람을 위한 원칙 제시에 초점을 두지 않고, 인공지능 로봇이 가져야 할 역할과 지위, 그리고 이를 통해 윤리적 책임이 발생될 수 있음을 명시하고 인공지능 로봇 윤리를 제안한다.

*아이작 아시모프의 로봇 3원칙

제1원칙: 로봇은 인간에게 해를 입혀서는 안 된다.
제2원칙: 제1원칙에 위배되지 않는 한, 로봇은 인간의 명령에 복종하여야 한다.
제3원칙: 제1원칙과 2원칙에 위배되지 않는한 로봇은 로봇 자신을 지켜야 한다.

최근 기업경영 측면에서도 인공지능윤리 가이드라인이 제시되고 있다. 자동차 생산 운영에 AI 판단을 400여건 이상의 의사결정을 이용한 BMW

그룹은 인공지능 활용을 위한 윤리강령을 제시했다.

BMW가 제안하는 인공지능 개발 원칙 [AI 7원칙]은 다음과 같다.

1원칙: Human agency and oversight

　　AI는 인간이 감독하고 선택하고 취소한다. 모든 체계는 인간의 감독하에 존재한다.

2원칙: Technical robustness and safety

　　기술의 오류를 방지하기 위한 안전성 준수, 견고성을 유지해야 한다.

3원칙: Privacy and data governance

　　개인정보를 보호하고 데이터보안을 위해 통합 관리를한다.

4원칙: transparency

　　누구에게나 알고리즘이 투명하게 운영되어야 한다.

5원칙: Diversity, non-discrimination and fairness

　　차별을 금지하고 다양성과 공정성이 지켜져야한다.

6원칙: Environment and societal well-being

　　환경과 사회복지 증진을 목적으로 사용되어야 한다.

7원칙: Accountability

　　평가.관리.감독하는 기업측은 책임을 다해 AI를 구현시킨다.

아시모프의 '로봇윤리 3원칙'을 토대로 하면서도 이를 변화하는 시대에 맞추어 재해석하고 제안되어진 윤리 가이드라인이다. 기본적인 가치로 제시되는 지침으로는 인간의 존엄성과 인류의 공공선이다. 이러한 가치의 실현이라는 범주안에서 인공지능로봇의 존재가치는 인간의 행복실현을 위한 도구임이 강조되어야 한다.

또한 국내에서 2022년 7월 1일에 IAAE International Association for AI and Ethics 국제인공지능·윤리협회에서는 '디지털휴먼윤리가이드라인'을 제정 및 공포하였다. 내용은 다음과 같다.

IAAE 국제인공지능&윤리협회 디지털 휴먼 윤리 가이드라인
The Ethics Guideline for Digital Human by IAAE

제 1 조. 디지털 휴먼Digital Human은 인공지능, VR/AR, 메타버스 기술 등을 이용하여 구현해 낸 디지털 형태로 존재하고 활용되는 인간을 말한다. 예를 들어, 가상인간Virtual Human, 메타휴먼Meta Human, 아바타 Avatar, AI 챗봇AI Chatbot 등을 포함하는데 구현 방식으로는 영상, 음성, 이미지, 텍스트 등이 모두 포함된다.

제 2 조. 디지털 휴먼은 인간과 매우 흡사한 외모를 가지고, 인간의 말과 행동을 하며 사용자, 소비자와의 소통을 통해 인간에게 큰 영향력을 미칠 수 있기 때문에 그 개발과 활용에 유의해야 한다.

제 3 조. 디지털 휴먼은 편향적이지 않으며, 신뢰할 수 있고, 합법적이어

야 하며, 인간의 존엄성과 인류 보편의 가치를 존중해야 한다. 이를 위해 학습하고 사용하는 데이터의 신뢰성을 확보해야 하며, 선한 방향으로 지속적인 자기학습 능력을 발전시켜야 한다. 그리고 사용자나 소비자의 요구가 있을 경우, 자신이 학습하고 사용하는 데이터의 출처를 밝혀야 한다.

제 4 조. 실제 존재하는 인물을 디지털 휴먼으로 구현하여 사용할 경우에는, 사전에 반드시 해당 인물의 동의를 받아야 한다. 구현된 디지털 휴먼에 대해서는, 원칙적으로 초상권, 저작권, 사용권 등 일체의 권리는 실제 인물에게 있으므로 해당 콘텐츠를 실제 인물의 동의 없이 온라인상으로 무단으로 퍼 나르거나, 유포하거나 상업적, 정치적, 범죄적 목적으로 이용해서는 안 된다.

제 5 조. 고인을 디지털 휴먼으로 구현할 경우에는 생전에 고인의 동의를 받음을 원칙으로 해야 한다. 또한 동의를 받고 구현할 경우에도, 생전 고인의 명예를 훼손하지 않도록 주의해야 한다.

제 6 조. 디지털 휴먼을 개발하여 사용할 때에는, 사용자, 소비자를 기망하지 않아야 한다. 따라서 디지털 휴먼이 표현되는 영상, 음성, 이미지, 텍스트 등의 콘텐츠의 처음부터 끝까지 해당 인간이 디지털 휴먼이라는 점을 표지나 문자, 음성 등으로 표시하고, 사용자와 소비자에게 디지털 휴먼임을 알 수 있도록 하는 명확한 정보를 제공해야 한다.

제 7 조. 정치인이나 선거의 후보자를 디지털 휴먼으로 구현하여, 선거운동, 홍보 등 정치적 목적으로 사용할 경우에는, 사회와 유권자에게 미치는 영향이 더욱 클 수 있으므로, <제 6조>보다 강화된 표지와 정보를 추가로 표시하여 유권자에게 제공해야 한다. 예를 들어, 개발한 회사, 학습 및 사용 데이터의 출처, 해당 콘텐츠의 편집자, 운영자, 총괄 책임자, 해당 정치인의 관여 정도 등을 콘텐츠의 맨 처음이나 마지막에 추가로 표시해야 한다.

제 8 조. 기성 미디어를 통해 신뢰도와 인지도를 확보하고 있는 방송인, 연예인, 유명인 등을 모델로 하거나 소셜미디어와 메타버스 등 디지털 공간에서 많은 팔로워follower나 구독자를 보유한 디지털 휴먼은 실제 사회에서도 사람들에게 큰 영향력을 가지고 이를 행사할 수 있다. 따라서 큰 영향력을 가진 디지털 휴먼은 활동과 언행에 보다 신중하고 책임감을 가져야 한다.

제 9 조. 디지털 휴먼 기술의 이용은 어디까지나 인간의 삶과 실생활을 보다 풍요롭고 편리하게 하는 것을 목적으로 해야 하며, 이를 악용하여 타인에게 피해를 끼치거나 범죄의 목적으로 사용해서는 안 된다.

제 10 조. 향후 스스로 판단하고, 활동하고, 소통하는 자율성을 가진 디지털 휴먼이 등장할 경우, 통제된 디지털 인간보다 사회와 인간에 미치는 영향이 막대할 수 있으므로, 지금부터 모든 관련 주체들이 자율성을

가진 디지털 휴먼에 대한 논의와 연구를 진행해야 한다.

이상은 총 10조항으로 이루어진 IAAE(국제인공지능&윤리협회)의 디지털휴먼윤리 가이드라인의 내용이다.

논의들의 진행

현재 세계 각국에서는 로봇윤리헌장에 대한 많은 논의들이 진행되고 있는 실정이다. 유엔교육과학문화기구United Nations Educational, Scientific and Cultural Organizations: 이하 UNESCO 산하의 세계과학기술윤리위원회 World Commission on the Ethics of Scientific Knowledge and Technology: 이하 COMEST는 지속적인 회담을 개최하여 로봇윤리에 대한 새로운 논의들과 기준들을 제정하고 있다.

또한, 미국에서는 2012년부터 현재까지 주요한 법학전문대학원을 중심으로 "We Robot"이라는 학술대회가 매년 개최되고 있으며 이 학술대회에서는 로봇윤리와 관련된 법적 그리고 정책적 이슈들에 대하여 지속적으로 논의되고 있는 실정이다.

로봇윤리헌장의 본질적 의미

로봇윤리헌장의 제정은 미래에 로봇과 함께 살아가는 과정에서 인간의 존엄성을 존중하고 인류의 공공선을 추구함과 동시에 자유와 평등, 정의와 상식, 공정과 배려, 인간 본연의 가치를 보전하기 위한 것이다. 사랑과 행복을 향유할 수 있는 미래사회를 건설하기 위한 필요조건이라고 할 수 있다. 결과적으로 우리는 로봇의 기능과 역할을 통해 인간과 로봇의 관계를 규정하는 로봇윤리헌장을 선포하여 보다 편리하고 건강하며 안정적이고 행복한 삶의 질과 복지향상을 추구해야 한다.

중국의 AI 개발 가이드라인

중국의 최고 국가행정기관인 국무원the State Council은 2017년 7월 20일 차세대 AI의 개발을 위한 가이드라인을 발표하였다. 이 가이드라인은 2030년까지 중국이 실현하고자 하는 AI의 위상을 정립한 것으로 중국은 그 설정 목표를 달성하기 위해 다음의 6가지 프로세스를 제시한다.

첫째, 개방적이고 협력적인 AI 기술 혁신 시스템의 수립
둘째, 최고수준의 고효율 지능형 경제의 배양
셋째, 안정적인 편리한 지능 사회의 구축
넷째, AI 분야에서 인민과 군의 통합 강화
다섯째, 유비쿼터스, 안전하고, 효율적인 지능형 인프라 시스템 구축
여섯째, 주요사업과 관련된 차세대 AI의 레이아웃 찾기 이후 중국은 국가적 차원에서 지속적으로 보고서 작성

그 중 '차세대 AI 정부 원칙-책임감 있는 AI 개발New Generation AI Governance Principles; Developing Responsible AI'에 대한 원칙들이다. 이 원칙은 국가적으로 AI의 기술 개발에 맞춰 개발자와 이용자 모두를 돕고자 세워진 원칙들을 제시한 것으로 향후 중국에서 사용될 인공지능이 어떤 목적으로 제작, 설계, 사용되어야 하는지, 그리고 그것들이 지켜야할 윤리원칙들을 제시하고 있다.

중국이 제시한 8가지 원칙은 조화와 우호harmony and friendship, 공정성과 정의 fairness and justice, 포용성과 공유 inclusive and sharing, 개인사생활 보호의 존중 respect for privacy, 안전성과 제어가능성 safety and controllability, 공동 책임 shared responsibility, 개방형 협업 open collaboration, 기민한 거버넌스 agile governance이다. 이 8가지 원칙의 구체적인 내용은 다음과 같다.

8원칙의 구체적 방향성

조화와 우호harmony and friendship는 AI 개발은 인류의 공동 복지 향상이라는 목표에서 시작되어야 한다. 그것은 인간의 가치, 윤리 및 도덕에 부합하고 인간과 기계의 조화를 촉진하고 인간 문명의 진보에 기여해야한다. 사회 안전을 수호하고 인권을 존중하고, 남용을 방지하고, 남용 및 악의적인 적용을 금지한다는 전제에 기초해야 한다.

공정성과 정의fairness and justice는 AI 개발은 공정성과 정의를 촉진하고 이해 관계자의 권리와 이익을 보호하며 기회의 평등을 촉진해야 한다. 지속적으로 기술 수준을 높이고 관리 방법을 개선하여 데이터 수집, 알고리즘 설계, 기술 개발, 제품 R&D 및 적용 과정에서 편견과 차별을 제거해야 한다.

포용성과 공유inclusive and sharing는 AI 개발은 녹색 개발을 촉진하고 환경 친화적이어야 하고 자원 보존 요구 사항을 충족해야 한다. 공동 발전을 촉진하고 각계각층의 변화와 업그레이드를 추진하며 지역 격차를 좁힌다. 포용적 발전을 촉진하고, AI 교육과 과학 대중화를 강화하고, 취약 계층의 적응력을 개선하고, 정보 격차를 없애기 위해 노력해야 한다. 공유 개발을 촉진하고, 데이터 및 플랫폼 독점을 피하고, 개방적이고 질서 있는 경쟁을 장려해야 한다.

사생활 보호의 존중 respect for privacy은 AI 개발은 개인의 사생활을 존중하고 보호해야 하며 개인의 알 권리와 선택권을 완전히 보호해야 한다. 개인정보의 수집, 보관, 처리, 이용 등에 있어 경계를 설정하고 기준을 설정해야 한다. 도난, 변조, 공개 또는 기타 개인정보의 불법 수집 또는 사용을 방지하기 위해 개인 데이터 승인 및 취소 메커니즘을 개선한다.

안전 및 제어 가능성safety and controllability은 안전하고 제어 가능해야 한다. AI 시스템은 지속적으로 투명성, 설명 가능성, 신뢰성 및 제어 가능성을 개선하고 점차적으로 감사 가능성, 감독 가능성, 추적 가능성 및 신뢰성을 달성해야 한다. AI 시스템의 안전/보안에 세심한 주의를 기울이고 AI의 견고성과 변조 방지성을 개선하고 형식 AI 보안 평가 및 관리가 점진적이어야 한다.

공동 책임shared responsibility은 책임을 공유해야 한다. AI 개발자, 사용자 및 기타 이해 관계자는 강력한 사회적 책임 의식과 자제력을 가지고 법률, 규정, 윤리, 도덕, 표준 및 규범을 엄격히 준수해야 한다. 개발자, 사용자, 수혜자 등의 책임을 명확히 하기 위해 AI 책임 메커니즘을 설정한다. AI 적용 프로세스는 인간이 알 권리를 보장하고 가능한 위험과 영향을 통지해야 한다. 불법 활동에 AI를 사용하는 것을 방지한다.

개방적 협력open collaboration은 개방형 협업. 분야, 영역, 지역 및 국경을 초월한 교류와 협력을 장려해야한다. AI의 개발 및 거버넌스를 위해 국제 기구, 정부 부처, 연구 기관, 교육 기관, 기업, 사회 조직 및 대중 간의 조정 및 상호 작용을 촉진한다. 국제적 대화와 협력을 시작한다. AI 거버넌스에 대한 각국의 원칙과 관행을 전적으로 존중하고 국제 AI 거버넌스 프레임워크, 표준 및 규범에 대한 광범위한 합의 형성을 촉진한다.

기민한 거버넌스agile governance는 빠른 거버넌스로 AI 개발의 자연법칙을 존중해야한다. AI의 혁신적이고 질서 있는 개발을 촉진하면서 발생할 수 있는 위험을 검색하고 해결한다. 지능형 기술 방법을 지속적으로 업그레이드하고 관리 메커니즘을 최적화하고 거버넌스 시스템을 완벽하게 하며 AI 제품 및 서비스의 전체 수명 주기 동안 거버넌스 원칙을 촉진한다. 점점 더 발전하는 AI로 인한 잠재적인 미래 위험을 계속 연구하고 예측하고 AI가 항상 사회에 유익한 방향으로 움직이도록 해야 한다.

이상은 중국 인공지능 거버넌스 전문가위원회에서 발표한 '차세대 AI 정부 원칙-책임감 있는 AI 개발New Generation AI Governance Principles; Developing Responsible AI 8원칙'에 대한 내용들이다.

Chinese-language original:

TRANSLATION

Governance Principles for a New Generation of Artificial Intelligence: Develop Responsible Artificial Intelligence

The global development of artificial intelligence AI has entered a new stage, presenting new features such as cross-domain integration, human-machine cooperation, and swarm integrated intelligence. It is profoundly changing the life of human society and changing the world. In order to promote the healthy development of a new generation of AI; better coordinate the relationship between development and governance, ensure that AI is safe/secure, reliable, and controllable; promote economically, socially, and ecologically sustainable development; and jointly build a community of common destiny for humanity; various parties related to AI development should adhere to the following principles:

I. Harmony and friendliness. AI development should begin from the objective of enhancing the common well-being of humanity; it should conform to human values, ethics, and morality, promote human-machine harmony, and serve the progress of human civilization; it should be based on the premise of safeguarding societal security and respecting human rights, avoid misuse, and prohibit abuse and malicious application.

II. Fairness and justice. AI development should promote fairness and justice, protect the rights and interests of stakeholders, and promote equality of opportunity. Through continuously raising the level of technology and improving management methods, eliminate bias and discrimination in the process of data acquisition, algorithm design, technology development, product R&D, and application.

III. Inclusivity and sharing. AI should: promote green development and meet the requirements of environmental friendliness and resource conservation; promote coordinated development, push forward the transformation and upgrading of all walks of life, and narrow regional disparities; promote inclusive development, strengthen AI education and popularization of science, improve the adaptability of disadvantaged groups, and strive to erase the digital divide; promote shared development, avoid data and platform monopolies, and encourage open and orderly competition.

IV. Respect privacy. AI development should respect and protect personal privacy and fully protect the individual's right to know and right to choose. In personal information collection, storage, processing, use, and other aspects, boundaries should be set and standards should be established. Improve personal data authorization and revocation mechanisms to combat any theft, tampering, disclosure, or other illegal collection or use of personal information.

V. Secure/safe and controllable. AI systems should continuously improve transparency, explainability, reliability, and controllability, and gradually achieve auditability, supervisability, traceability, and trustworthiness.Pay close attention to the safety/security of AI systems, improve the robustness and tamper-resistance of AI, and form AI security assessment and management capabilities.

VI. Shared responsibility. AI developers, users, and other interested parties should possess a strong sense of social responsibility and self-discipline, and strictly abide by laws, regulations, ethics, morals, standards, and norms. Establish an AI accountability mechanism to clarify the responsibilities of developers, users, beneficiaries, etc. The AI application process should ensure the human right to know and give notice of possible risks and impacts. Prevent the use of AI for illegal activities.

VII. Open collaboration. Encourage exchanges and cooperation across disciplines, domains, regions, and borders; promote coordination and interaction between international organizations, government departments, research institutions, educational institutions, enterprises, social organizations, and the public for the development and governance of AI. Launch international dialogue and cooperation; with full respect for each country's principles and practices for AI governance, promote the formation of a broad consensus on an international AI governance framework, standards, and norms.

VIII. Agile governance. Respect the natural laws of AI development; while promoting the innovative and orderly development of AI, search for and resolve risks that might arise. Continuously upgrade intelligent technological methods, optimize management mechanisms, perfect governance systems, and promote governance principles throughout the entire life cycle of AI products and services. Continue to research and anticipate potential future risks from increasingly advanced AI, and ensure that AI always moves in a direction that is beneficial to society.

National New Generation Artificial Intelligence Governance Expert Committee. / By Lorand Laskai and Graham Webster. June 17, 2019. New America

유네스코UNESCO AI 윤리 권고안

세계 각국에서 활발히 AI 윤리에 대한 다양한 가이드라인이 제시되고 있다. 가장 최근에 진행된 유네스코UNESCO에서 준비 중인 AI 윤리에 대한 권고안은 유네스코 총회의 제40회 세션(40 C/Resolution 37)의 결정에 따라, 유네스코 사무국 인공지능 윤리 권고안 초안을 준비할 국제전문가그룹AHEG, Ad Hoc Expert Group을 2020년 3월에 설립하였다. (참고:https://en.unesco.org/artificial-intelligence/ethics

전 세계 COVID-19에 의한 비대면 상황하에 거리두기 일환으로, 해당 전문가 그룹은 원격으로 협업하며 2020년 3월 말부터 5월 초까지 작업을 진행했으며, 인공지능 윤리 권고안 초안의 최초 버전을 작성하여 현재 세계 각국 정부와 협의 중이다. 이 권고안은 '6가치 12원칙'으로 구성되어있다.

'6가치'에는 존엄성, 인권 및 자유, 소외로부터의 자유, 조화로운 삶, 신뢰 가능성, 환경보호를 들고 있으며, '12원칙'으로는 인간과 인간의 번영원칙, 비례성 원칙, 인간의 관리감독 및 결정의 원칙, 지속가능성 원칙, 다양성 및 포용성 원칙, 개인정보보호 원칙, 인식 및 교육원칙, 다중 이해관계자 및 적응형 거버넌스 원칙, 공정성 원칙, 투명성 및 설명 가능성 원칙, 안전 및 보안원칙, 책임 및 책무성 원칙을 제시하고 있다.

이것은 초안인데다 세계 각국의 정부와 논의 과정에서 많은 변경 및 수정이 이루어질것이다. 그러나 AI 윤리의 기준 내지는 보편적 기준으로 정리될 가능성도 크다.

윤리인증제도에 대한 그 밖의 논의

현재 전 세계적으로 인공지능로봇의 윤리인증제도에 대한 논의가 활발하게 이루어지고 있다. 유럽 연합은 2019년에 "신뢰할 만한 AI를 위한 윤리 가이드라인Ethics Guidelines for Trustworthy AI"을 발표하였으며, 미국의 백악관 과학기술정책부는 2016년 인공지능에 대한 규제 원칙 및 윤리 규범 마련을 위한 3개의 보고서를 발표하였다.

또한, 전기전자공학 분야에서 세계적으로 가장 영향력있는 전기전자공학자협회Institute of Electrical and Electronics Engineers: 이하 IEEE에서도 2017년 "윤리적 통합 디자인 버전 2Ethically Aligned Design Version 2)"를 발표하였다. 중국도 2017년 정부 차원에서 "새로운 시대의 AI의 개 발을 위한 계획The Plan for the Development of New Generation Artificial Intelligence"을 시작으로, 2019년 현재까지 "새로운 시대 AI 정부 원칙: 책임감 있는 AI 개발 New Generation AI Governance Principles Developing Responsible AI" 등을 지속적으로 발표하고 있다. 그리고 일본을 비롯한 세계 각국의 다양한 단체 및 기관에서도 지속적으로 윤리적 인공지능과 그에 대한 인증제도에 대하여 논의하고 있다.

우리나라에서도 인공지능윤리 이슈에 대한 논의가 활발히 진행되고 있으며, 각국에서 발표된 많은 보고서 및 정책에 대한 리뷰 또한 지속적으로 업데이트되고 있다.

2018년 정보화진흥원에서 발표한 "지능정보 사회 윤리 가이드라인", 로봇산업진흥원에서 진행되고 있는 "인공지능로봇(의 개발과 이용)에 대한 윤리가이드라인"등이 그것이다.

'사람 중심'의 10가지 기술 전략 트렌드

인공지능 윤리의 발전 필요성에 대하여 시장조사 전문기관인 가트너 Gartner의 '기술 트렌드 예측보고서'는 '사람 중심의 10가지 기술 전략 트렌드Top 10 Strategic Technology Trends for 2020' report'를 다음과 같이 정리하고 있다. 내용은 다음과 같다.

가트너(Gartner)의 '기술트렌드예측보고서' 검색일자:2022년8월7일 https://www.boannews.com/media/view.asp?idx=84239&kind= 보안뉴스

하이퍼오토메이션hyperautomation

머신 러닝과 패키지 된 소프트웨어, 자동화 툴을 합치면, 가트너에 의하면 하이퍼오토메이션이다. 로보틱 프로세스 자동화RPA 기술이 하이퍼오토메이션의 트렌드의 시초라고 볼 수 있다. 하지만 하이포오토메이션이 결국 좀 더 향상된 RPA인 것만은 아니다. 하이퍼오토메이션은 자동화 툴은 물론 자동화 기술이 발휘되는 모든 단계들을 함께 포함하고 있는 것이

다. 모든 단계란 발견, 분석, 설계, 자동화, 측정, 모니터링, 재평가를 말한다. 하이퍼오토메이션의 가장 큰 사용 목적은 '모든 것의 자동화'이며, 현재는 '프로세스 오토메이션process automation'의 형태로 가장 많이 활용되고 있다.

다중 경험multiexperience

다중 경험이라는 개념을 선도한 건 각종 '대화형 플랫폼'들이다. 대화형 플랫폼들이란 알렉사Alexa, 시리Siri, 코타나Cortana, 구글 어시스턴트Google Assistant 등을 말한다. 이야기를 하고 음성으로 대답을 듣는 것이다. 이미 다양한 방법으로 디지털 세계와 소통할 수 있는 방법들이 등장하고 있다. 가상현실VR, 증강현실AR, 혼합현실MR 등이 그 예중 하나다.

사용자 경험 중심 기술들이 발전한다는 건, 사람들이 기술 문명에 대해 깨어있어야 하는 게 아니라, 오히려 기술이 사람에 대해 깨어있어야 한다는 뜻이다. 상황이 완전히 반전되는 것이다. 목적과 의도를 전환시키는 건 이제 사람의 몫이 아니라 기계의 몫이다.

전문성의 대중화Democratization of Expertise

앞으로 다가올 기술 전략 트렌드의 핵심은 결국 기술의 사용이 모든 사람들에게 있어 보다 간편해져야 한다는 것이다. 특별한 무언가를 배워야만 기술을 활용해 특별한 생산성이나 업무 능력을 보여줄 수 있는 시대가 아니다. 머신러닝이나 애플리케이션을 누구나 사용해 영업 효율을 높이거나 시장 분석을 활발하게 할 수 있게 될 것이다.

가트너는 이런 현상이 지금도 벌어지고 있다는 증거로 '노 코드 모델no-code model'을 꼽았다. 코딩 없이 프로그램을 만들 수 있게 해주는 플랫폼 혹은 개발 방법론이다. 이런 개발 방식을 지원하기 위한 플랫폼들도 존재한다.

가트너의 네 가지 분야는 다음과 같다.

1) 데이터 분석 : 데이터 과학자들이 사용하는 도구들이 점점 더 대중화될 것이다.
2) 개발 : 인공지능 툴들이 개발을 보다 쉽고 빠르게 만들어줄 것이다.
3) 디자인 : 노-코드 개발 툴과 자동화 툴이 애플리케이션 개발 과정을 보다 쉽게 만들 것이다.
4) 지식 : IT 전문가가 아니더라도 전문가용 툴과 시스템에 접근하고 사용하는 게 가능해질 것이다.

물론 이것이 반드시 좋은 현상인 것만은 아니다. 모두가 IT 기술에 친숙하게 될 경우,'은둔의 ITShadow IT' 현상이 심화될 수 있다고 가트너는 경고하기도한다. 은둔의 IT란, 조직 내 구성원들이 조직의 허락을 받지 않은 도구들을 자유롭게 사용하는 과정에서 조직 전체의 리스크를 증가시키는 것을 말한다.

휴먼 증대 human augmentation

인간을 위한 설계와 개발을 넘어 인간 자체를 설계하고 개발하는 시기가 온다. 그 중 하나가 바로 휴먼 증대 혹은 인간 증강이라고 불리는 기술 혹은 현상이다. 물리적 혹은 시술적인 기법을 통해서 나타날 수도 있지만, 웨어러블이나 임플란트를 통해서 이뤄질 수도 있다.

스마트 안경이나 스마트 콘택트렌즈를 통해 증강현실을 손쉽게 접할 수 있게 하거나, RFID 임플란트를 통해 건물 출입이나 POS 사용을 원활하게 만드는 것이 가능하다. CRISPR이라고, DNA를 조작하는 기술도 존재한다. 가트너가 지목한 기술에는 인지 증강 cognitive augmentation이라는 것도 있다. 머신러닝 기술을 사용해 인간의 기술을 확장시키거나 고도로 발전시키는 것을 말한다.

1) 조직들은 개개인들을 빠르게 훈련시켜 현장에 투입시킬 수 있다.
2) 머신러닝이 단순 반복 업무를 맡아주고, 인간이 결정을 내리는 등의 중요한 일을 담당한다.
3) 머신러닝이 단순 반복 업무를 맡아주고, 머신러닝이 결정까지 해서 인간은 창의적인 일만 담당한다.

투명성과 추적 가능성 Transparency and Traceability

현재 기술에 대한 불신이 크고, IT 전문가나 특정 사용자들뿐만 아니라 사회 전반의 현상이다. 예를 들어 은행이 고객에게 '신청하신 대출 요청이 거절됐습니다'라고 말한다고 할 때 충분한 이유를 설명해줘야 한다. 인공지능 기술이 알고리즘을 통해 그러한 결과를 산출했다고 한다면 아무도 순순히 받아들이지 않을 것이다.

사물인터넷, 안면인식, 알고리즘의 편향성, 가짜뉴스, 딥페이크 등 이미 불신의 기술들이 주변에 쌓여가고 있다. 그렇기 때문에 투명성과 추적 가능성을 유지함으로써 신뢰를 회복하는 것이 중요한 일이다. 개인정보의 가치를 이해하는 소비자들이 점점 늘어나고 있다. 내 정보는 내가 관리하겠다는 목소리도 높아지고 있다. 이 흐름에 맞춰 규정들이 계속 생겨나고 있다.

따라서 신뢰를 회복하기 위한 IT 기술의 전략이 대거 등장할 거라는 건, 쉽게 예측할 수 있다. 2023년까지 대형 조직의 75%가 인공지능 전문가를 고용해 행동 포렌식과 프라이버시 보호, 고객 신뢰 증대와 같은 업무를 수행할 것이라고 예상하고 있다. 또한 다음 세 가지 영역에 특히 집중해야 한다고 권장한다.

1) 인공지능 / 머신러닝

2) 개인정보 프라이버시

3) 윤리적 설계 ethically aligned design

자율권을 가진 에지 Empowered Edge

에지 장비들에 컴퓨팅 파워를 추가함으로써 조직들은 훨씬 더 많은 기능을 발휘할 수 있게 될 전망이다. 트래픽과 컴퓨터 프로세싱을 로컬에서 처리함으로써 지연 속도를 줄이고 에지 컴퓨터에 보다 높은 자율성을 줄 수 있게 된다.

현대의 에지 컴퓨팅은 사물인터넷 시스템을 통해 비연결 기능을 발휘하려는 것에 초점을 맞추고 있는 게 대부분이다. 생산과 도소매 산업에서 이런 부분에 대한 연구가 활발해지고있고 곧 에지 컴퓨팅은 거의 모든 산업에서 활용되기 시작할 것이며, 중앙 서버와 분리된 채 독립적으로도 강력한 기능을 발휘할 것이다.

분산 클라우드 Distributed Cloud

사설 클라우드와 공공 클라우드 서비스를 합친 하이브리드 클라우드 서비스는 어려운 문제로 남아있다. 하지만 분산 클라우드를 활용한다면 어려움을 일부 해결할 수 있게한다. 분산 클라우드란, '공공 클라우드 서비스를 다른 위치로 분산시키되, 원래의 공공 클라우드 제공업자가 운영, 거버넌스, 업데이트, 서비스 향상에 대한 책임을 갖게 되는 것을 말한다. 이를 통해 데이터가 특정 지역을 떠나서는 안 된다는 규정 등 다양한 제도적 문제가 해결될 수 있다. 중앙에서 관리하는 보통의 공공 클라우드 서비스가 이곳 저곳으로 분산된다는 건 큰 변화이다. 클라우드 컴퓨팅의 역사 전체에서도 중요한 변화가 있을 것으로 예상한다. 2024년 즈음에는 클라우드 서비스 플랫폼 대부분이 이런 형태를 통해 보다 유연한 서비스 제공을 실시할 수 있을 것으로 보인다.

자율 사물 autonomous things

'자율'이라는 단어가 붙은 기술이라고 하면 보통은 자동차를 떠올린다. 그러나 자율 자동차, 자율 드론, 자율 로봇, 자율 선박, 자율 가전기기, 자율 비행기 등이 있다. 이 모든 걸 통합해서 자율 사물이라고 부른다. 대부분 비슷한 임무를 수행하고 비슷한 문제를 해결하기 위해 탄생했으며 발전하고 있다.

이 '자율 사물'들은 전부 인공지능을 활용해 환경 및 사용자와 보다 새로운 방법으로 상호작용 하게 된다. 기술이 발전하고, 자율 사물을 위한 규정들이 새롭게 마련되며, 사회적으로 열린 여론이 형성될 때 자율 사물들은 우리 생활 속에서 점점 더 많은 공간을 차지하게 될 것이다.

자율 사물은 단독적으로 뛰어난 기능을 발휘하는 사물인터넷 인공지능 기기가 아니라, 집단 지성을 가지고 있는 여러 기기들을 말하는 것이다. 사람과 함께 작동할 수도 있지만 사람이 없어도 자신들끼리 자율적으로 통신하고 데이터를 교환하며 학습할 수도 있다. 공장에서 기기를 조립하는 로봇들끼리, 시장에서 여러 고객 데이터를 분석하는 알고리즘끼리 새로운 가치를 창출할 수 있게 된다.

실용적인 블록체인 Practical Blockchain

블록체인에 관해서는 전문가들의 의견이 소극적이다. 2019년이 시작될 때 블록체인이 세상을 지배할 것처럼 예측한 이들이 많았지만 1년 동안 블록체인이 광범위하게 실제 사용되는 경우는 그리 많지 않았다. 아직 기업 환경에서 정식으로 활용하기에 블록체인은 더 보완·발전해야 할 기술이다.

그럼에도 블록체인이 가지고 있는 사업적 가능성과 잠재력은 부인할 수 없다. 아직 더 발전해야 하고, 사회적 신뢰를 얻어야 한다는 어려움이 남아있지만, 누군가 블록체인 덕분에 큰 이익을 보기 시작할 거라는 뜻이기도 하다. 블록체인을 무조건 도입해야 한다는 건 아니지만, 기업이라면 한 번쯤 검토해볼 만한 기술임에 분명하다.

인공지능 보안 AI Security

보안은 항상 공격자와 방어자 사이의 군비 경쟁 형태를 띠고 있다. 그리고 양측이 최근 인공지능을 활용하고 있다. 그렇기에 현재 예상되는 미래의 모습은 불투명하다. 2022년까지 모든 사이버 공격의 30%가 인공지능과 관련된 것이 될 것이라고 예측하고 있다. 인공지능 훈련 데이터를 오염시킨다든가, 인공지능 모델을 훔친다든가, 적대적인 샘플을 주입시키는 등의 공격이 예상된다.

1) 훈련 데이터 오염이란, 의도적으로 특정 결과가 나오도록 인공지능을 훈련시키는 것을 말한다. 마이크로소프트의 챗봇인 테이Tay가 좋은 예로써 트위터가 테이를 훈련시켜 일부러 인종차별주의적인 말만 쏟아내게 했었다.

2) 인공지능 모델 탈취란, 인공지능 모델을 스스로 개발하는 대신 현존하는 모델에 반복해서 여러번 쿼리를 보내고, 그에 대한 답을 통해 해당 모델이 어떤 식으로 결론에 도달하는지를 분석하는 것이다. 그러면서 인공지능 알고리즘을 최대한 비슷하게 복제할 수 있게 된다.

3) 적대적 샘플을 주입시키는 공격이란, 불합리적으로나 부정확하게 항목화된 샘플을 알고리즘에 주입시킴으로써 학습 과정 자체를 방해하는 것을 말한다. 예를 들어 빨간 신호등을 '통과'라고 학습시키는 것인데, 이

런 알고리즘이 자율 주행 자동차에 이식이라도 된다면 큰 사고가 발생할 수 있다.

이상은 가트너Gartner의 '기술 트렌드 예측보고서'의 '사람 중심의 10가지 기술 전략 트렌드Top 10 Strategic Technology Trends for 2020' report'의 내용이다. 보안뉴스. 문가용 www.boannews.com

인공지능 윤리의 구성 요소

 2019년에 유럽연합EU 유럽집행위원회European Commission는 "신뢰할 만한 AI를 위한 윤리 가이드라인Ethics Guidelines for Trustworthy AI"보고서를 발표하였다. 인공지능 윤리 전문가들이 초안을 작성했고, 5개월 동안 모인 500개 넘는 논평과 의견들을 종합해 완성됐다. 인공지능 윤리와 관련된 프레임워크 중 일반 대중을 대상으로하는 가장 광범위하고 통합적인 문서다. 가이드라인은 신뢰성을 보장해야만 AI의 혜택을 완전히 누릴 수 있다고 강조한다.

 신뢰할 수 있는 인공지능을 위한 윤리 지침

 지난 오랜 시간동안 많은 양의 디지털 데이터를 사용할 수 있게 되었다. 인공지능AI은 우리 시대 가장 혁신적인 기술의 변화 중 하나이다. 기계학습과 같은 딥러닝 인공지능 기술의 발전은 그야말로 획기적인 변화를 이루고 있다. 자율주행 차량, 의료, 가정/서비스 로봇공학, 교육 또는 사이버

보안 분야의 주요 AI 지원 개발은 다양한 분야에서 일상생활의 질을 향상시키고 있다. AI는 또한 글로벌 건강 및 웰빙, 기후 변화, 신뢰할 수 있는 법률 및 민주적 시스템, 그리고 UN 지속 가능한 개발 목표에 설명된 기타 많은 문제와 같은 글로벌 문제를 해결하는 핵심이 되기도 한다.

그러나 한편으로는 관리되지 않는 AI는 사회에 막대한 피해를 가져다 줄 수도 있다는 잠재적 위험도 갖고 있다. 인공지능이 가져다주는 편리함이 위험보다 크다는 점을 가정할 때 우리는 위험을 최소화하면서 인공지능의 이점을 극대화하는 경로를 찾아야 한다. 인공지능의 개발과 사용에 있어 올바른 방향을 추구하려면 AI에 대한 '인간존중'과 '인간중심'을 가장 상위 목표에 두어야 한다. AI의 개발과 사용 그 자체가 중요한 것이 아니라 인간의 행복한 삶을 증진시키는 것에 중점을 두어야 한다.

III. 무엇을 고려해야 하는가?

각각의 목적 달성을 위한
유럽 연합이 제정한 AI 윤리 지침들

유럽연합EU 유럽 집행위원회European Commission가 인공지능AI 가이드라인 초안을 발표하면서, 인간 중심의 인공지능 윤리를 목적으로 신뢰할 수 있는 기술발달의 기준을 구체적으로 제시하였다. 유럽 집행위원회 인공지능 고위 전문가그룹The European Commission's HIGH-LEVEL EXPERT GROUP ON ARTIFICIAL INTELLIGENCE은 인공지능의 기술력은 촉진하면서 AI가 가진 위험은 최소화하여 인간중심의 윤리적 목적을 달성해야한다고 제시한다.

다음은 유럽 연합이 제정한 AI 윤리가이드라인 지침 초안으로써 "신뢰할 만한 AI를 위한 윤리 가이드라인Ethics Guidelines for Trustworthy AI" 보고서 원문을 참고하여 작성된 사이언스모니터에서 인용한 가이드라인 전문 내용들이다. (2022년8월8일검색:사이언스모니터http://scimonitors.com/eu-신뢰할-수-있는-인공지능-가이드라인-초안제시-ai/)

신뢰할 수 있는 인공지능 가이드라인 전문

EXECUTIVE SUMMARY

인공지능AI은 우리 시대의 가장 변혁적인 힘 중 하나이며 사회 구조를 변화시킬 수밖에 없다. 인류의 번영을 증진시킬 수 있는 좋은 기회를 제공한다. 유럽은 이를 달성하기 위해 노력해야 한다. 지난 10 년 동안 방대한 양의 디지털 데이터를 활용할 수 있었고, 강력한 컴퓨팅 아키텍처가 가능했으며, 기계 학습과 같은 인공 지능 기술이 진보해 많은 발전이 이뤄졌다. 자율주행 차량, 의료, 가정 / 서비스 로봇, 교육 또는 사이버 보안 분야에서 AI가 지원하는 주요 개발은 일상 생활의 질을 향상시키고 있다. 또한 AI는 세계보건 및 복지, 기후 변화, 신뢰할 수 있는 법적 및 민주적 시스템 및 유엔 지속 가능 발전 목표에 명시된 다른 많은 도전과 같은 전세계의 과제를 해결하는것이 핵심이다.

개인 및 사회에 엄청난 이익을 창출 할 수 있는 AI는 또한 적절하게 관리해야 하는 특정 위험을 잠재한다. 전체적으로 인공 지능의 이점이 위험보다 크다는 것을 감안할 때 위험을 최소화하면서 인공 지능의 이점을 극대화 할 수 있는 길을 따라야 한다.

우리가 올바른 방향을 유지하려면 AI에 대한 인간 중심적 접근이 필요하다. AI의 개발과 사용이 그 자체로 의미가 있는 것이 아니라 인간 복지를 증진하려는 목표를 가지고 있음을 명심해야 한다. 신뢰할 수 있는 인공 지능은 우리의 지향점이 될 것이다. 인간이 기술을 신뢰할 수 있는 경우에만 인공 지능의 혜택을 자신 있게 누릴 수 있기 때문이다.

신뢰할 수 있는 AI는, 기본적인 권리, 적용 가능한 규제 및 핵심 원칙 및 가치를 존중하고, '윤리적 목적'을 보장해야 하며, 선의와 함께 기술적으로 강력하고 신뢰할 수 있어야 한다. 기술 발달은 의도하지 않은 해를 유발할 수 있다.

본 가이드 라인은 신뢰할 수 있는 AI를 위한 프레임 워크를 제시한다. 제 1 장은 준수 해야하는 기본 권리, 원칙 및 가치를 설정함으로써 AI의 윤리적 목적을 보장하는 것을 다룬다. 제 2 장은 그러한 원칙들로부터 신뢰할만한 인공 지능의 실현에 관한 지침을 도출하여 윤리적 목적과 기술적 견고성을 모두 다룬다. 신뢰할 수 있는 AI에 대한 요구 사항을 열거하고 구현에 사용할 수 있는 기술적 및 비기술적 방법의 개요를 제공한다. 제 3 장은 신뢰할 수 있는 인공 지능에 대한 구체적이지만 비포괄적 평가 목록을 제공함으로써 요구 사항을 연속적으로 관리한다. 이 목록은 특정 유즈 케이스에 적용한다.

윤리적 AI를 다루는 다른 문서들과는 대조적으로 이 가이드 라인은 AI의 핵심 가치와 원칙에 대한 추가 목록을 제공하기 보다 AI 시스템에 대한 구체적인 구현과 운영에 대한 지침을 제공하기 위한 것이다. 이러한 지침은 제 1 장 추상적인 내용(기본적인 권리, 원칙 및 가치)에서 제2장 원칙 도출,

제 3 장 구체적인 평가항목에 이르기까지 세 계층으로 제공된다.

이 가이드 라인은 회사, 조직, 연구원, 공공 서비스, 기관, 개인 또는 기타 단체를 포함해 AI를 개발, 배포 또는 사용하는 모든 관련 이해 관계자를 대상으로 한다. 이 가이드 라인의 최종 버전에서는 이해 관계자가 자발적으로 이를 보증 할 수 있는 메커니즘이 제시 될 것이다.

중요한 것은 이 가이드 라인이 정책 결정 또는 규제의 대체물로 의도 된 것이 아니며 그 도입을 저지하기 위한 목적도 아니다. 또한 가이드 라인은 기술 및 지식, 진화와 관련하여 지속적인 관련성을 보장하기 위해 정기적으로 업데이트해야 하는 살아있는 문서로 간주되어야 한다. 그러므로 이 문서는 "신뢰할 수 있는 AI made in Europe"토론의 출발점이 돼야 한다.

유럽은 글로벌 수준에서 경쟁력을 갖출때 AI에 대한 윤리적 접근 방식을 전파 할 수 있다. AI에 대한 윤리적 접근은 사용자 신뢰를 창출하고 AI의 폭 넓은 이해를 촉진하므로 책임있는 경쟁력을 실현하는 데 중요하다. 이 가이드 라인은 유럽에서 인공 지능 혁신을 저지하는 것이 아니라 개인과 공동 이익을 보호하고 이익을 얻는 것을 목표로 하는 AI를 개발하기 위해 윤리를 적용하는 것을 목표로 한다. 이를 통해 유럽은 최첨단의 안전하고 윤리적인l인공 지능의 선두 주자로 자리 매김 할 수 있다. 유럽 시민들은 신뢰성을 보장해야만 AI의 혜택을 완전히 누릴 수 있다.

윤리적 목적 달성을 위한 주요 지침

인공 지능이 인간 중심적human-centric인지 확인한다. 근본적인 권리, 사회적 가치와 윤리적 선행의 원칙(선을 행함), 부작용 없음(해를 끼치지 않음), 인간의 자율성, 정의, 설명가능성을 반영해야 한다. 신뢰할 수 있는 인공 지능Trustworthy AI개발이 핵심이다. 가능한 영향을 전향적으로 평가할 기본 권리, 윤리적 원칙 및 가치에 의지한다.

인간에 대한 인공 지능과 공동선. 아동, 장애인 또는 소수 집단과 같은 취약 집단과 관련된 상황에 특히 주의한다. 고용주와 직원, 또는 기업과 소비자와 같은 권력이나 정보의 비대칭성 관련 상황에도 주의한다. AI는 개인에게 실질적인 이익을 가져다주는 한편, 부정적인 영향을 미칠 수 있다. 비판적 관심 영역에 민감해야한다.

신뢰할 수있는 AI 실현을 위한 주요 지침

신뢰할 수 있는 인공 지능 AI에 대한 요구 사항을 가장 초기 설계 단계부터 통합한다. 책임성, 데이터 거버넌스, 모두를 위한 디자인, 인공지능 자율성autonomy 거버넌스 감독, 차별 금지, 인간의 자율성 존중, 개인 정보 보호, 견고성, 안전성, 투명성이다.

AI 시스템에 요구 사항의 구현을 보장하기 위한 기술적 및 비기술적 방법을 고려, 시스템 작업 팀을 구성 할 때 이러한 요구 사항을 염두에 둔다. 시스템 자체, 테스트 환경 및 시스템의 잠재적 애플리케이션에 대한 정보를 제공한다. 이해 관계자(고객, 직원 등)에게 정보를 명확하고 능동적으로 제공한다. AI 시스템의 기능과 한계에 대해 실제적인 기대치를 설정할 수 있다. 이 점에서 AI 시스템의 추적 가능성을 보장하는 것이 중요하다. 신뢰할 수 있는 AI를 조직 문화의 일부로 만들고 이해 관계자에게 정보를 제공한다.

AI 시스템의 설계 및 사용에 어떻게 구현되는지 신뢰할 수 있는 AI도 있다. 신뢰할 수 있는 AI가 조직의 의무 또는 행동 강령에 포함되어야 한다. AI 시스템의 설계 및 개발에 이해 관계자의 참여를 보장한다. 팀을 구성하고 산출물을 구현 및 테스트 할 때 다양성을 보장한다. 특히 중요한 상황에서 AI 시스템의 감사 용이성 facilitate the auditability)을 증진한다. 가능한 범위 내에서 다양한 입력에 대한 개별 결정을 추적 할 수 있도록 시스템을 설계한다.

데이터, 사전 훈련 된 모델 등을 포함한다. 또한 AI 시스템의 설명 방법을 정의한다. 책임성 거버넌스 accountability governance를 위한 구체적인 프로세스를 보장한다. 관리자, 개발자, 사용자 및 고용주가 신뢰할 수있는 인공 지능에 대한 훈련을 받는다. 서로 다른 목표 사이에 근본적인 긴장이 있을 수 있음을 염두에 둔다.(투명성은 정보 오남용을 초래할 수 있다. 편견 식별 및 수정은 개인 정보 보호와 상충할 수 있다.) 이러한 절충 사항을 전달하고 문서화한다. 신뢰할 수 있는 인공 지능에 대한 요구 사항을 달성하기 위한 연구와 혁신을 촉진한다.

신뢰할 수 있는 AI 평가를 위한 주요 지침

AI를 개발, 배포 또는 사용할 때 신뢰할 수 있는 AI에 대한 평가 목록을 채택하고 시스템이 사용되는 특정 유스 케이스에 적용한다. 평가 목록은 완전한 것이 아니다. 신뢰할 수 있는 AI를 보장한다는 것은 요구 사항을 식별하고 평가하는 연속 프로세스다. 솔루션을 제공하고 AI 시스템의 전체 수명주기 동안 개선된 결과를 보장한다. 이 지침은 인공 지능에 대한 인간 중심적 접근 방식을 수용하는 비전의 일부로 유럽이 윤리적이며 안전한 최첨단 인공 지능을 선도할 수 있도록 한다. 이는 유럽 시민의 복지 증진을 위한 신뢰할 수 있는 인공 지능Trustworthy AI을 촉진하고 가능케 할 것이다.

'신뢰할만한 인공지능'이란 다음 7가지 요소를 갖추고 있는 것이다.

1) 인간적 개입과 인간의 감독 : 인공지능 기술에는 인간의 감독과 개입이 있어야한다.
2) 기술적 견고함과 안전성 : 공격에 대해 복원될 수 있어야하고, 사고에 대한 대책마련이 될수있도록 안전해야한다.

3) 개인정보보호와 데이터 거버넌스 : 개인과 데이터에 대한 프라이버시, 평등과 존중, 그리고 접근이 가능해야 한다.

4) 투명성 : 추적이 가능해야하고, 소통이 가능해야 한다.

5) 다양성, 공정성, 비차별성 : 모두에게 접근이 가능해야하고, 불공정한 편향성이 방지되어야하고, 모두에게 공정한 환경이 조성되어야한다.

6) 사회적 환경적 안정 : 지속 가능해야 하고, 환경 친화적이며, 사회적이어야한다.

7) 책무성 : 감독 및 보고가 가능해야하고, 부정정인 영향들은 최소화해야한다.

보고서의 채택

AI 규제 필요성 및 AI 규제에 대한 방향성에 따라 2020년 10월 20일 유럽연합EU 유럽집행위원회 European Commission는 발표된 보고서를 채택하였다. 이는 특히 고위험 인공 지능, 로봇 및 관련 기술과 관련된 모든 수준의 이해 관계자 및 사회의 신뢰를 구축하고 기업, 신생 기업 및 기업이 혁신 및 비즈니스 개발 프로세스에서 현재 및 미래의 규제 요구 사항과 위험을 평가하고 해결할 수 있도록 한다. 불필요한 절차를 최소화하여 지원을 포함하여 유럽 연합에서 인공 지능, 로봇 및 관련 기술의 개발을 지원한다.

이는 인공 지능, 로봇 및 관련 기술의 연합 내에서 기존 및 미래의 각 분야별 법률을 침해하지 않고 적용되어야 하는 적절한 규제 프레임워크를 제공함으로써 기본적인 기본권과 소비자 권리를 보장하는 동시에 규제의 확실성과 혁신을 촉진한다. 지원 배포. 또한 인공 지능, 로봇 및 관련 기술이 윤리적 원칙에 부합하는 방식으로 개발, 배포 및 사용되도록 한다. 인공 지능, 로봇 공학 및 관련 기술이 연합법의 윤리적 원칙과 부합하여 기본권 및 가치 및 규정을 가능하게 하는 것을 목표로한다.

윤리성 인식의 범주

인공지능기술의 윤리성 인식 범주를 파악해보기 위하여, 인공지능기술을 개발하고 있거나 사용하고 있는 글로벌 IT 기업 또는 정부차원의 가이드라인을 중심으로 파악이 이루어졌다. 2016년 이후 서구에서 발표된 인공지능 윤리성 관련 문헌은 80편 이상이다. 2019년 현재 미국, EU, 호주와 영국에서 작성한 '인공지능의 윤리적 원칙과 지침'을 포함하는 문헌은 약 84편 정도이며 이 중 88%가 2016년 이후에 발간된 것이었다.

84편의 문헌에서 공통적으로 언급하고 있는 인공지능 윤리성 인식의 주제는 11개의 범주로 나뉜다. 즉 투명성transparency: 73편), 공정성justice & fairness: 68편), 안전성non-maleficence: 60편), 책임성responsibility: 60편), 사생활 보호privacy: 47편), 편익성beneficence: 41편), 자율성freedom & autonomy: 34편), 신뢰성trust: 28편), 지속가능성sustainability: 14편), 존엄성dignity: 13편), 연대성solidarity: 6편)이 그것이다.

또한 2020년까지 발표된 인공지능 윤리성 관련 문헌자료 22편을 분석한 연구에서 윤리성 관련 내용의 언급 빈도 중 가장 자주 언급된 요인으로 공정성(18회), 책임성(17회), 투명성(16회), 안전성(16회)을 선정하였다. 이상의 문헌을 통해 본 위의 범주 중 60편 이상(전체의 71.4%)에서 언급된 상위 네 개의 범주와 최다빈도로 언급된 윤리성 범주가 일치함을 확인하였으므로, 투명성, 공정성, 안전성, 책임성을 본 저자는 2021년과 2022년의 연구를 통해 인공지능기술 윤리성 범주로 선정하였다.

윤리 인증 프로그램

이와 함께, 2018년 9월 미국의 전기전자공학자협회의 준거 연합회 IEEE Standards Association: 이하 IEEESA는 자율적이고 지능적인 시스템의 윤리 인증 프로그램 Ethics Certification Program for Autonomous and Intelligent Systems: 이하 ECPAIS을 발표하였다.

본 인증 프로그램에서 제시된 두 가지 목표는 다음과 같다.

첫째, IEEE Ethically Aligned Certification Initiative에 의해 제시된 ECPAIS가 자율적이고 지능적인 시스템 Autonomous and Intelligent System: 이하 A/IS 제품, 서비스 및 시스템을 위한 배지 또는 마크로 사용할 수 있는 세계 최초의 사양 및 중요점을 제공하는 것이다.

둘째, IEEE Ethically Aligned Certification Initiative에 의해 작성된 IEEE의 획기적인 논문, Ethically Aligned Design과 IEEE P7000 Standard Series에 나타난 일들을 강조하는 것이다.

그 중에서 가장 중요한 것은 ECPAIS이 A/IS와 관련하여 투명성transparency, 책임성accountability, 편견bias의 점검 및 A/IS 인증 사용에 대한 모범 사례를 구축하고, 산업의 발판으로 중요한 역할을 하는 것이다.

이 두 가지 목표를 종합해 보면, IEEE에서 제시한 인공지능로봇의 개발과 관련된 많은 사안에서 윤리적 인공지능로봇을 개발하여야 하며, 동시에 이를 위해 윤리인증 프로그램이 매우 중요한 역할을 수행할 것이라는 것을 알 수 있다.

또한, IEEE가 제시한 윤리인증 프로그램이 발전된 투명성advance transparency, 책임성accountability, 그리고 알고리즘의 편향성algorithmic bias을 줄이기 위한 인증과 검사 과정의 시방서라는 것도 알 수 있다..

인공지능의 투명성

인공지능의 투명성은 인공지능 윤리성을 언급한 가이드라인을 포함한 문헌들에서 가장 널리 알려진 원칙이다. 투명성 관련 주제별 분석은 해석과 관련하여 상당한 차이가 있는데, 정당화 적용 영역 및 성취 방식 등에서 차이가 나타난다. 투명성에 대한 언급은 설명 가능성, 해석 가능성 또는 기타 커뮤니케이션 및 정보 공개를 늘리기 위한 노력을 포함한다. 주요 응용 분야에는 데이터 사용, 인간과 AI 상호 작용, 자동화된 의사결정, 데이터 사용 목적 또는 AI 시스템 적용이 포함된다. 기본적으로 투명성은 인공지능에 의한 피해를 최소화하고 인공지능의 기술을 개선하기 위한 방법으로 제시되지만 일부 문헌에서는 법적 고려를 강조한다.

투명성 확보를 위해 고려해야 할 것들

인공지능의 투명성을 확보해야 하는 근거나 신뢰를 조성하기 위해 일부 지침에서는 투명성을 대화, 참여 및 민주주의 원칙과 연결하기도 한다. 더 확실한 투명성을 확보하기 위해서는 인공지능 시스템을 개발하거나 배포하는 사람들이 정보 공개를 더 확대해야 한다는 주장이 나오고 있다.

커뮤니케이션해야 하는 내용에는 인공지능 사용, 소스 코드, 데이터 사용, 인공지능 사용에 대한 증거 기반, 제한 사항, 법률, 인공지능에 대한 책임, AI에 대한 투자 및 영향력, '비기술적 용어로' 가능한 모든 설명이 제공되어야함이 포함되어야 한다는 점을 제안하고 있다. 심사 및 감사 가능성은 주로 데이터 보호를 책임지는 주체와 NPO에서 제안하지만 기술 솔루션을 제안하는 것은 대부분 민간 부문이다. 인공지능 투명성을 위한 대안적 조치는 감독, 이해관계자 및 대중과의 상호 작용 및 중재 및 내부 고발 촉진에 중점을 두어야 한다.

투명성이 중요한 이유

사용자를 위해서 투명성은 매우 중요하다. 왜냐하면 투명성은 사용자를 위해 작동된 시스템이 어떻게 작동하는지 왜 작동하는지 이해할 수 있는 기회를 제공하기 때문이다. 또한, A/IS의 비준과 인증을 위해 투명성이 중요하다. 왜냐하면 투명성은 시스템의 과정을 드러내며, 동시에 철저하게 검증된 데이터를 입력하기 때문이다. 마지막으로 문제가 발생할 경우, AS를 위해 사건 조사관에게 투명성이 필요하며, 그 결과 내부적 과정이 투명해야만 발생한 사건에 대한 이해가 가능하기 때문이다.

이를 위해 투명성의 정도를 측정할 수 있고, 테스트할 수 있게 묘사하는 새로운 준거를 개발해야만 한다. 그 결과 시스템이 결정된 준수사항을 객관적으로 평가하고, 측정할 수 있다. 이와 같은 시스템은 설계자와 사용자에게 인공지능로봇을 어떻게 설계하고 사용해야 하는지를 알려줄 수 있는 가이드라인을 제공할 수 있을 것이다.

구체적인 내용으로는, 인공지능로봇은 법으로 규정된 이해관계자의 요청 시 인공지능로봇의 입력값, 데이터, 내부 프로세스, 동작의 종류 및 상태 등을 요청자가 이해할 수 있는 방식으로 표시 또는 설명해야 하며, 사고 발생 시 조사관에게 당시 인공지능·로봇의 전체 실행 과정이 적절히 설명될 수 있어야 한다. 제작자와 서비스 공급자는 사용단계에서 예상되는 위험에 대해 충분히 사전 테스트를 거쳐야 하고, 이 과정에서 도출된 정보를 사용자에게 고지하여야 한다.

인공지능의 공정성

　공정성은 주로 공정한 판단을 포함하며, 원치 않는 편견과 차별의 예방, 모니터링 또는 완화라는 측면에서 표현된다. 일부 문헌에서는 다양성 포용 및 평등에 대한 존중으로서 공정성에 초점을 맞추는 반면, 다른 문헌은 결정에 저항하거나 이의를 제기할 가능성 또는 시정 및 구제 권리를 포함한다. 또한, 인공지능 데이터 및 인공지능이 제공하는 다양한 편리함에 대한 공정한 접근의 중요성을 강조한다.

공공 부문의 공정성

　공공 부문에서는 노동 시장에 대한 인공지능의 영향과 민주적 또는 사회적 문제를 다룰 필요성을 특히 강조한다. 데이터 세트 내의 편향 위험에 초점을 맞춘 출처는 정확하고 완전하며 다양한 데이터, 특히 교육 데이터를 획득하고 처리하는 것의 중요성을 강조한다. 인공지능윤리 가이드라인에 공정성이 명시된 경우, 공정성의 보존 및 증진을 위하여는 A. Jobin,

M.Ienca와 E. Vayena(2019)의 다음의 내용을 참고한다.

  a 표준 또는 명시적 규범적 인코딩과 같은 기술적 솔루션을 통해 정의의 보존 및 증진
  b 정보를 제공하고 기존 권리 및 규정에 대한 대중의 인식 제고
  c 데이터 보호 사무소에서 선호하는 솔루션인 테스트, 모니터링 및 감사
  d 법의 지배와 항소, 청구, 구제 또는 구제에 대한 권리 강화
  e 정부 조치 및 감독, 다양한 인력, 상호 작용 방식으로 시민 사회 또는 이해 관계자의 포함 및 혜택 분배에 대한 관심 증가와 같은 체계적인 변화 및 프 로세스의 필요 제시

공정성에 문제가 생길 경우

AI 시스템이 사용하는 데이터들이 역사적 편향성, 불완전성, 잘못된 통제 시스템 등을 담을 수 있으며, 이에 따라 다양한 편향성들이 나타날 수 있다. 따라서 이는 계층에 대한 편견과 소외 등으로 이 어질 수 있다. 그러므로 시스템의 목적, 제약, 요구 사항 및 결정을 명확하고 투명하게 분석하고 발생 한 문제들을 해결할 수 있는 감독 프로세스를 마련해야 한다.

동시에 그 사용에 있어서도 차별 없이 공정하게 그것에 접근할 수 있는 접근성을 보장해야 한다. 확인된 공동체 규범의 시스템이 반영되더라도

A/IS는 특정 집단에게 불리한 편견을 가질 수 있다. 이와 같은 시스템은 편견을 최소화하기 위한 시스템이지만, 시스템 안의 프로그램의 불완전성, 프로그래머 및 디자이너의 무의식적 가정에서 여전히 편견이 생길 수 있다. 따라서 다양한 사회 집단의 구성원을 포함시켜 예상치 못하거나 발견되지 않는 편견들을 줄여야 한다.

결과적으로 시스템 수행에서 A/IS의 평가는 특정 집단에게 불리한 잠재적인 편향성을 신중하게 가늠해야 한다. 평가 과정은 잠재적으로 불리할 수 있는 집단의 구성원을 통합하여 그와 같은 편향성을 진단하고 수정해야 한다고 IEEE는 제안한다.

인공지능의 안전성

안전성에 대한 언급은 'non-maleficence'로 표현되어 '남에게 피해를 주지 않을 의무가 있음' '해악이 될 일을 하지 않음'의 의미이면서 안전 및 보안에 대한 일반적인 요구를 포함하거나 인공지능이 예측가능하거나 의도하지 않은 피해를 일으키지 않아야 함을 명시한다. 보다 세분화된 고려사항에는 특정 위험 또는 잠재적인 위해의 방지가 수반된다.

안전성 지침

안전성 지침은 사이버 전쟁 및 악의적인 해킹을 통한 고의적 오용 및 위험 관리 전략을 제안한다. 피해는 주로 사생활 침해 또는 신체 상해에 대한 차별로 해석됩니다. 덜 빈번한 특성화에는 신뢰 또는 기술의 상실, '급진적 개인주의', 기술 발전이 규제 조치를 능가할 수 있는 위험, 장기적인 사회 복지, 기반 시설 또는 심리적, 정서적 또는 경제적 측면에 대한 부정적인 영향이 포함된다.

피해 예방 지침은 AI 연구, 설계, 기술 개발 및/또는 배포 수준의 개입에서 측면 및 지속적인 접근에 이르기까지 기술 조치 및 거버넌스 전략에 주로 중점을 둔다. 기술 솔루션에는 내장된 데이터 품질 평가 또는 설계에 따른 보안 및 개인정보 보호가 포함되지만, 업계 표준 수립을 지지하는 주목할만한 예외도 있다. 제안된 거버넌스 전략에는 분야 및 이해관계자 간의 적극적인 협력, 기존 또는 새로운 법률 준수, 감독 프로세스 및 관행 수립 필요성, 특히 내부 단위, 고객, 사용자, 독립적인 제3자 또는 정부 기관에 의한 테스트 모니터링, 감사 및 평가가 포함된다.

종종 AI 구현 및 결과 평가를 위한 표준에 맞춰져 있다. 대부분의 문헌은 잠재적인 '이중 사용'을 명시적으로 언급하거나 피해가 불가피할 수 있음을 암시한다. 이 경우 위험을 평가하고 완화해야 하며 책임의 귀속을 명확하게 정의해야 한다.

구체적으로 제작자는 서비스 공급자에게, 제작자와 서비스 공급자는 사용자에게 인공지능·로봇의 사용 시 발생할 수 있는 위험 등 유의사항을 고지할 의무가 있다.

제작자와 서비스 공급자는 인공지능·로봇의 공급 이후에라도 결함 또는 위험 발생의 소지가 있을 경우 사용자에게 즉시 고지할 의무가 있다. 인공지능·로봇은 사용 연한 내 전반에 걸쳐 안전하게 작동하도록 제작되어야 하며, 제작자는 사용 연한이 만료된 제품의 관리에 대한 매뉴얼을 개발 및 제작단계에서 함께 마련해야 한다.

인공지능의 책임성

책임성에 관련해서는, '책임 있는 AI'에 대한 광범위한 언급에도 불구하고 책임과 책무성은 거의 정의되지 않고 있다. 그럼에도 불구하고 특정 권장 사항에는 '청렴성'을 가지고 행동하고 가능한 경우 사전에 계약 단계에서 책임 및 법적 책임의 귀속을 명확히 하거나 구제를 중심으로 하는 것이 포함된다.

대조적으로, 다른 문헌에서는 인공지능의 책임성이 보장되지 않을 경우, 잠재적인 피해로 이어질 수 있는 근본적인 이유와 과정에 초점을 맞추어 대책을 마련할 것을 제안한다. 그러나 또 다른 의견들은 잠재적인 피해가 있을 경우, 내부 고발의 책임을 강조하고 책임에 대한 다양한 경로를 인정하거나 교육과정상에 인공지능 윤리를 도입하는 것을 강조한다. 포괄적으로는 인공지능 개발자, 디자이너, 기관, 또는 산업과 같이 매우 다양한 행위자가 인공지능의 행동과 결정에 대해 책임을 지는 것으로 요약될 수 있다. 그러나 여전히 인공지능 자체가 인간과 같은 방식으로 책임을 져야 하는지 아니면 인간이 항상 기술적 결과물에 대한 궁극적인 책임을 지는 유일한 행위자여야 하는지에 대한 의견은 다양하게 나타나고 있다.

책임성과 관련해 고려되어야 할 것들

책임성과 관련해 고려되어야 할 것들로 'European Commission 2019'에서는 책임성은 위에서 제시된 것들을 보완하기 위해 반드시 필요한 것으로써 제작, 설계 그리고 사용 전후에 관하여 인공지능 시스템과 그 결과에 대한 책임 그리고 책임을 보장할 수 있는 메커니즘을 만들어야 한다고 주장한다. 감사, 부정적 영향의 최소화 및 보고, 구제 등이 이에 해당한다고 할 수 있다.

전기전자공학자학회IEEE 표준협회Standards Association: 이하 IEEE-SA는 자율적이고 지능적인 시스템의 윤리 인증 프로그램Ethics Certification Program for Autonomous and Intelligent System: ECAIS에서 윤리적인공지능을 위한 중요 평가요소를 책임성과 투명성 그리고 알고리즘의 편향성이라고 한다. 사람들과 기관은 책임성responsibility과 책무성accountability, 그리고 잠재적인 피해를 삼가기 위해 시스템의 제조 및 배치에 대한 명확성을 필요로 한다. 또한, 이 시스템의 제조자는 왜 어떤 시스템이 특정한 방식으로 법적 이슈가 될 수 있는 과실성이 발생하였는지를 입증할 수 있는 프로그램 레벨 책임성 programmatic-level accountability을 공급할 수 있어야 한다.Ethically Aligned Design, EAD 버전 2)

만약 필요한 경우, 일반 대중들 사이에서 발생할 수 있는 혼동과 공포를 피하기 위해 과실성을 여럿의 책임 있는 설계자, 제조자, 소유자 및/또는 운영자 사이에 배분할 수 있어야 한다. 이를 위해 입법부와 사법부는 A/IS를 개발하고, 배포하는 과정에서 가능한 한 그것에 대한 책임, 과실, 법적 책임, 그리고 책무성에 관한 이슈를 명료화해야 한다. 그 결과 제조자와 사용자는 그들의 권리와 의무를 이해할 수 있다. 그리고 A/IS의 설계자와 개발자는 A/IS의 사용자 그룹 사이에서 존재하는 문화적 규범의 다양성이 관련될 때 그것들을 인식하고 고려해야 한다.

구체적인 내용으로는, 인공지능·로봇이 사회적 문제를 일으키지 않고 발생 가능한 사고의 피해를 최소화하도록 제작자·서비스 공급자·사용자는 각 단계에서 (정해진 또는 합의된) 책임을 다 해야 한다.

인공지능·로봇이 다양한 사고를 일으킬 경우를 대비하여야 하며, 제작자는 서비스 공급자에게, 제작자와 서비스 공급자는 사용자에게 일어날 수 있는 사고 및 그에 대한 배상체계와 책임소재에 대해 충분히 고지해야 한다. 제작자와 서비스 공급자는 인공지능·로봇 기술 및 서비스가 사용자의 안전을 최우선으로 보장하도록 노력해야 할 책임이 있다.

사고 발생시 책임소재 규명

제작자와 서비스 공급자는 인공지능·로봇을 활용하는 과정에서 사고 발생 시 그 책임소재를 명확히 규명하기 위해 인공지능 소프트웨어 시스템의 판단 과정 및 결과를 기록하는 기능을 제품에 탑재하여야 한다. 서비스 공급자와 사용자는 제작자의 제작 의도 및 사용용도에 적합하지 않게 인공지능·로봇 제품을 사용할 경우, 파생되는 문제에 대하여 법적 책임을 져야 한다. 제작자 및 서비스 공급자, 사용자는 인공지능·로봇 사용과 관련된 법률 및 사용지침을 준수해야 한다.

Literature related to artificial intelligence ethics

연구자	주요 내용
Verruggio (2006) Tamburrini (2006) Tzafestas (2018) 변순용·송선영 (2015) 카카오 (2018) 장민선 (2018)	1. 로봇공학이 인간의 삶에 적용될 때 나타날 수 있는 윤리적 문제를 다루는 것이며, 로봇기술이 인류를 공격하고 잘못 사용되지 않게 로봇공학의 발전을 장려하는 것 2. 현재 그리고 미래의 로봇 사용과 관련된 윤리적인 문제들을 추출하여 분석하고자 노력 3. 로봇공학기술 중 특히 인공지능 로봇의 윤리적 영향에 대해 이해하고 올바르게 규제하기 위한 연구 4. 수단으로서의 로봇, 윤리적 영역을 갖는 로봇 임무 수행의 도덕적 행위 특성에 초점을 맞춘 로봇과 인간(설계자, 생산자, 사용자, 관리자)과의 관계를 둘러싼 다양한 문제들을 해결하기 위한 연구 5. 인간을 이롭게 하려는 본래의 목적에 부합하기 위해 로봇이 지켜야 할 준칙 6. 인공지능(AI) 시대의 법적 쟁점(정책적 대응 논의의 필요성)
K. Siau, W. Wang. (2020). N. Cointe, G. Bonnet, O. Boissier. (2016).	1. 윤리는 누군가가 타자를 향해서 어떻게 행동해야 하는가에 대한 규범적 실행원칙 2. 옳고 그름, 윤리적 의무와 윤리의 대상(인간, 동물, 기업, 생명과학, 인공지능 로봇 등)이 행해야 할 책무를 다루는 규율 3. 응용된 윤리로서 인공지능과 관련한 윤리는 인공지능의 책무이자 인공지능 개발자의 책무와 윤리적 의무로 특정 4. 법적 측면 / 공정성 측면 / 감정적 측면 5. 실용주의적 측면 / 공정성 측면 / 정의성 측면 / 공공선 측면 / 도덕적 측면 6. 로봇윤리 / 기계윤리
National Information Society Agency. (2019) 고영화, 임춘성. (2021)	1. 현재까지 국제 기구 및 각국 정부 차원의 가이드라인이 나오고 있는 상황 2. 실제로 인공지능 기술을 개발하고 상용화하는 기업 차원의 가이드라인이나 준수의무에 대한 규정은 찾아보기 어려움 3. EU (2019) '신뢰할 수 있는 인공지능 윤리가이드라인' 4. OECD (2017) 'OECD Digital Economy Outlook 2017' 보고서: 인공지능 기술에 대한 규범적 대응과 정책방향 제시 및 권고안 발표 5. 가이드라인들의 공통적 제안점: 인공지능에 의한 의사결정 과정의 투명성, 공정성, 책임성, 안전성 등 윤리적 기준 제시 6. 2007년 대한민국세계최초로 국가적인 차원에서 로봇윤리헌장 제정을 위한 초안 발표
국회입법조사처. (2020)	1. 로봇윤리 헌장 초안 [산업자원부(현 산업통상자원부), 2007.03] 2. 카카오 알고리즘 윤리헌장[카카오, 2018.01] 3. 지능정보사회 헌장 [과학기술정보통신부/ 한국정보화진흥원 (NIA), 2018.06] 4. 지능형 정부 인공지능 활용 윤리 가이드라인(안) [한국정보화진흥원 (NIA), 2018.12] 5. 인공지능 윤리헌장12) [한국인공지능윤리협회(KAIEA), 2019.10] 6. 이용자 지능정보사회 원칙 [방송통신위원회/ 정보통신정책연구원 (KISDI), 2019.11] 7. 자율주행차 가이드라인 [국토교통부 첨단자동차기술과, 2019.12]

Ⅲ. 무엇을 고려해야 하는가?

L.Rothenberger,B.Fabian, E. Arunov. (2019) A. Jobin, M. Ienca, E. Vayena. (2019)	1. 인공지능 윤리의 투명성은 전세계 인공지능 가이드라인에서 적용하고 있는 가장 보편화된 원칙
	2. 투명성은 인공지능 기능 개선과 부정적 측면의 감소를 촉진함
	3. 투명성은 법적 요건 충족, 신뢰증진의 방편
	4. 투명성은 대화, 참여, 민주주의 원칙과 연관됨
	5. 시스템의 결정사항과 그 이유에 대해 추적하여 설명, 또는 검증과 해석이 가능해야 함
	6. 설명용이성, 외현성, 이해용이성, 해석용이성, 의사소통, 공개성
L.Rothenberger,B.Fabian, E. Arunov. (2019) A. Jobin, M. Ienca, E. Vayena. (2019)	1. 공정성은 정의 및 평등 개념과 관련
	2. 위험의 예방, 감시, 왜곡 및 차별의 감소, 다양성, 회복
	3. 인간존엄을 보호함과 동시에 효율성의 극대화
	4. 불공정한 왜곡의 생산이나 강요의 배제
	5. 성별, 연령, 인종, 언어 간 차이에 대한 식별과 고려가 필요함
L.Rothenberger,B.Fabian, E. Arunov. (2019) A. Jobin, M. Ienca, E. Vayena. (2019)	1. 악의적 목적의 이용과 관련
	2. 일반적 안전과 보안 요구가 필요함
	3. 의도적 해악 유도 금지 또는 예방
	4. 프라이버시 침해, 차별, 신체적 해악, 사회적 웰빙에 부정적 영향 예방
	5. 알고리즘 자체의 내외부적 조작으로부터의 보호
L.Rothenberger,B.Fabian, E. Arunov. (2019) A. Jobin, M. Ienca, E. Vayena. (2019)	1. 인공지능기술 개발과 이용에 관련한 책임에 대해서는 기본적인 합의가 있음
	2. 그러나 인공지능 책임성에 대한 정의는 통합되어 있지 않은 상황
	3. 알고리즘과 관련한 법적 책임, 위험성을 안고 있는 프로세스에 대한 책임
	4. 인공지능을 다루는 과학-기술-공학-수학교육 등에 인공지능 책임성을 포함시키는 방안까지 거론
	5. 개발자(인간)에게 부과되는 책임성 vs. 인공지능 기술 자체에 부과되는 책임성

IV. AI 윤리를 다루기 위한 개념과 이슈

기술준비도(Technology Readiness Index: TRI) 개념

기술준비도Technology Readiness Index: TRI는 소비자 또는 직장인들이 가정과 직장에서 목표나 성과를 달성하기 위해 새로운 혁신기술을 채택하고 수용하여 사용하려는 사람들의 성향을 나타내는 것이라고 'Parasuraman'은 정의하고 있다. 이는 새로운 혁신기술을 수용하고자 할 때 소비자의 기술에 대한 이해나 사전적 지식, 그리고 새로운 혁신기술을 받아들이고자 하는 성향에 따라 차이를 보일 것이라고 해석되어질 수 있다.

1998년 Mick and Fournier는 기술에 대한 사용자의 긍정적인 면과 부정적인 면에 대해 연구를 하면서 사용자가 기술을 기반으로 한 제품을 수용하고자할 때 나타나는 8가지의 기술에 대한 역설을 제시하였다. 즉 통제/혼란, 자유/종속, 신식/구식, 능력/무능력, 능률/비능률, 욕구충족/욕구창출, 융합/고립, 참여/해제와 같이, 사용자들은 기술에 대해 역설적paradoxical 견해처럼 신기술의 제품 수용자에게도 긍정적 견해와 부정적 견해의 감정이 공존한다는 것이다.

또 다른 정의로 2005년 Meuter는 신기술을 접할 때 사람들은 혁신기술에 대한 공포증을 보인다고 한다. 그래서 기업은 신기술이 등장할 때면 그 기술을 소비자들이 얼마나 받아들일지 고려해야 한다. 이런 소비자들의 기술에 대한 반응 연구를 토대로 Parasuraman은 기술준비도 TRI:Technology Readiness Index라는 측정도구를 개발하였다.

본 저자는 기술준비도TRI:Technology Readiness Index를 사람들이 신기술을 받아들이고자 할 때 가지는 일반적 성향과 태도로 정의하고자 한다. 음성인식 인공지능AI을 사용하는 소비자들에게도 영향을 줄 것이라고 판단되어 연구에서는 기술수용모델의 외부변수로 사용하기도하였다.

기술이 급속하게 발전함에 따라 신기술들은 우리의 삶에 끊임없이 나타났고 우리의 생활에 많은 변화를 가져다주었다. 사람들이 신기술을 얼마나 받아들일 준비가 되어있는지를 알아보는 것은 매우 중요해졌으며 그래서 학문적 개념으로 연구하기 시작하였다.

2000년 'Parasuraman'은 소비자들이 기술에 대해 얼마나 받아들일 준비가 되어있는지 기술준비도Technilogy Readiness Index: TRI 1.0)를 측정하는 척도를 개발하였다. TRI 1.0은 낙관성, 혁신성 그리고 불편함, 불안감의 4개 차원과 36개의 측정항목으로 이루어져 있다.

첫째, 낙관성은 기술을 긍정적인 관점에서 바라보는 것으로, 기술이 사람의 일상에서 융통성 있고 효율적으로 작용한다고 생각하는 믿음이나 신념을 말한다.

둘째, 혁신성은 신기술에 대한 선구자가 되길 바라는 경향을 말한다.

셋째, 불편함은 기술 통제의 어려움이나 압도되는 감정을 의미한다.

넷째, 불안감은 기술에 대한 신뢰부족으로 회의적인 태도를 말한다.

Components and measurement of TRI

요인	측정내용
낙관성 (Optimism)	1. 기술은 사람들이 일상생활들을 더 잘 통제할 수 있도록 해준다. 2. 신기술을 사용하는 제품과 서비스는 사용하기 훨씬 더 편리하다. 3. 정상 업무시간에 제한되지 않는 컴퓨터를 통한 업무실행을 좋아한다. 4. 최신 기술을 사용하는 것을 선호한다. 5. 나에게 맞게 최적화시킬 수 있는 컴퓨터프로그램을 좋아한다. 6. 기술은 업무를 효율적으로 수행할 수 있게 한다. 7. 심리적으로 자극이 되는 최신기술을 찾는다. 8. 기술은 이동성에 더 자유로움을 제공한다. 9. 기술에 대해 습득하는 것은 기술 자체만큼 보람된다. 10. 내가 지시한 것들을 기계가 완수할 것으로 확신한다.
혁신성 (Innovativeness)	1. 다른 사람들이 새로운 기술에 대한 조언을 나에게 구한다. 2. 주각 원인들이 나보다 최신기술에 대해 더 많이 알고 배우고 있는 것 같다. 3. 주각 원인들보다 새로운 기술들을 가장 먼저 사용한다. 4. 새로운 최신제품과 서비스를 주각 원인들의 도움없이 알아낸다. 5. 나는 관심분야의 최신 기술들을 따라간다. 6. 최신 기술들을 알아내는 성취와 도전을 즐긴다. 7. 최신 기술들을 이용하는 데 있어서 다른 사람들보다 어려움이 덜 하다.

불편함 **(Discomfort)**	1. 이해할 수 있는 설명이 부족해서 기술지원이 도움되지 않는다. 2. 가끔 기술 시스템이 일반인인이 사용하기에 어렵게 설계되었다고 생각한다. 3. 이해하기 쉬운 내용으로 만들어진 최신기술제품이나 서비스 매뉴얼은 없는 것 같다. 4. 서비스 제공자에게 기술지원을 받을 때, 이용 당하는 것처럼 느껴질 때가 종종 있다. 5. 최신기술의 제품이나 서비스를 이용할 때 다양하고 많은 기능보다 기본적인 기능만 있는 것을 선호한다. 6. 주각 원인들이 지켜보고 있을 때 최신장비 사용에 문제가 발생하면 당황스럽다. 7. 신기술은 기존의 것들을 단절시키거나 파괴할 수도 있기 때문에 주요 업무를 신기술로 대체시킬 경우 주의가 필요하다. 8. 신기술들은 사용 전에 알 수 없는 안전이나 건강에 대한 잠재적 위험을 가지고 있다.
불안감 **(Insecurity)**	1. 인터넷을 통한 정보가 타인에 노출될까 걱정된다. 2. 온라인으로만 연결되는 업무는 자신이 없다. 3. 전자거래 업무는 서면으로 다시 확인해야 한다. 4. 업무가 자동화될 때마다 컴퓨터나 기계가 오작동하지 않는지 꼭 확인해야 한다. 5. 인터넷이나 기계로 정보 전달 시 확신이 들지 않는다.

기술수용모델(Technology Acceptance Model: TAM) 개념

기술수용모델Technology Acceptance Model: TAM의 개발은 1989년 'Davis'에 의해 조직의 업무성과를 개선하기 위해 도입되는 정보기술에 대한 조직 구성원의 기술수용에 영향을 미치는 요인들이 무엇인지 파악하고 밝히기 위한 이론적 기틀로서 개발되었다.

바탕이 되는 이론들

기술수용모델TAM의 바탕이 되는 이론들은, 합리적 행동이론 Theory of Reasoned Action: TRA과 계획된 행동이론Theory of Planned Behavior: TPB 등이다. 이들 이론 또한 기대가치이론 Expectancy Value Theory, 귀인이론Attribution Theory, 인지일치이론Cognitive Consistency Theroy, 학습이론Learning Theory 등에 의해 발전되어진 이론들이다. 1963년 'Fishbein'에 의해 개발된 기대가치이론은 사물이나 행동에 대한 개인의 태도를 설명하고 예측하기 위해 만들어졌다. 기대가치이론

EVT을 문자식으로 표현하면 다음과 같다.

'행동의 동기 = 지각된 성공 가능성 × 성공의 가치'

이 문자식에서 어떤 한 쪽의 값이라도 0이라면 행동은 일어나지 않는다. 기대가치이론은 비판과 수정을 통해 파생이론이 만들어지게 되며 대표적으로 '합리적 행동이론Theory of Reasoned Action: TRA'과 '계획된 행동이론 TPB'이 있다. 합리적 행동이론TRA은 사실행위(행동)의 예측과 태도의 예측을 연계하여 사람의 행동의도에 예측을 도출하고 이해하기 위한 모델이다.

합리적 행동이론TRA

위 합리적 행동이론TRA은 1975년 'Fishbein'와 'Ajzen'가 개발한 이론으로써 기대가치이론EVT 연구로부터 유래되어 정립된 사람의 태도나 신념, 행위 그리고 규범 간의 관계를 나타낸 모델이라고 정의한다. 이는 개인이 행동하기 전에 연관된 정보들을 합리적이고 체계적으로 사용하여 행동의 결과를 고려한 다음에야 비로소 행동한다고 가정한다. 사람의 행동과 행동변화를 결정하는 중요한 요인이 바로 행동의도인 것이다.

계획된 행동이론TPB

Ajzen(1991)의 '계획된 행동이론TPB'은 합리적 행동이론TRA에 포함되어 있지 않은 지각된 행동통제감Perceived Behavioral Control: PBC이라는 개념을 추가해서 확장한 것이다. 그의 계획된 행동이론TPB은 개인의 의지에 의해 특정한 행동들이 완전히 통제되지 못한다고 가정하고 합리적 행동이론TRA에 의도되지 않은 개인의 행동을 설명하는 개념을 확장해서 개발한 이론이다. 즉, 합리적 행동이론TRA은 개인이 자신의 행동을 완전히 통제할 수 있다는 전제 하에 제안되었지만, 실제로 개인이 특정한 행동을 수행하기 위해서는 다양한 상황(기회, 자원 등)이 가능해야 한다. 이런 점에서 합리적 행동이론TRA만으로는 설명할 수 없는 한계가 있다고 판단할 수 있다. 따라서 개인이 자신이 원하는 특정한 행동을 할 수 있는 상황이 아니라면 행동을 유도할 의도가 있을 확률은 매우 낮다고 할 수 있다.

기술수용모델TAM: Technology Acceptance Model

기술수용모델TAM은 기술수용자의 수용행동을 설명하기 위한 모델로서 Davis(1989)가 행동의도는 지각된 사회적 압력(주관적 규범)과 자신에게 중요한 타인들의 태도 그리고 행동에 대한 개인의 태도에 의해 영향을 받는다고 검정한 합리적 행동이론Theory of reasoned action: TRA을 이론적으로 확장 검정하여 도입하였다. 그는 기술수용모델TAM에서 지각된 유용성Perceived Usefulness과 지각된 사용용이성Perceived Ease of Use 두 개념을 이용하여 혁신기술을 수용하는 태도와 행동의도 상호간의 관계를 검정하였다.

1989년 Davis의 연구에서 지각된 유용성은 한 개인이 특정 시스템을 사용함으로써 자신의 직무 성과를 더욱 향상시킬 수 있다고 믿는 정도로 정의되며 지각된 사용용이성은 한 개인이 특정 시스템을 사용하면서 신체적-정신적 노력에서 보다 자유롭다고 믿는 정도로 정의된다. 이를 도식화하면 아래 그림과 같다. 기술수용모델TAM은 소비자의 태도, 신념 그리고 행동의도에 대한 외부요인들의 영향력을 추적할 수 있고 최신 정보기술 및 제품들의 수용과 확산을 간결하게 설명할 수 있는 강력한 특성을 가지고 있다는 부분에서 매우 큰 의미가 있다고 할 수 있다.

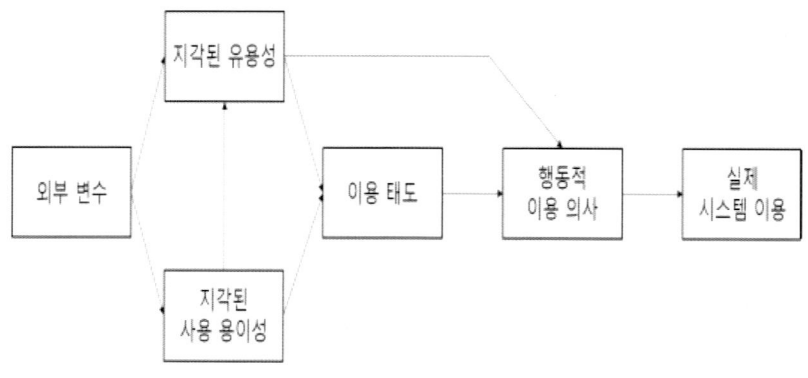

[기술수용모델 TAM]

기술수용모델TAM은 합리적 행동이론TRA에서 구체화하지 못한 태도의 결정요인으로 지각된 유용성Perceived usefulness과 지각된 사용용이성Perceived ease of use을 도출하였다. 기술수용모델TAM의 핵심 요인 중 하나인 지각된 유용성은 특정 시스템을 사용하면 개인의 직무성과가 향상될 것으로 믿는 정도를 의미하며 Bandura(1982)의 자기 효능감 이론을 토대로 개발되었다. 지각된 사용용이성은 정보기술의 특정 시스템을 사용하는데 있어서 많은 노력을 필요로 하지 않고 어떠한 기술을 사용하기 쉽다고 생각하고 믿는 정도를 의미한다.

혁신적인 첨단 기술의 등장은 사용자가 그 기술을 어떤 태도로 수용할 것인지에 대한 고려를 이끌어낸다. 이와 관련하여 Davis(1989)가 제시한 기술수용모델TAM: Technology Acceptance Model은 기술적 또는 제도적 혁신에 대해 집단 구성원이나 사용자가 가지고 있는 믿음belief, 태도attidudes, 이용의도intention to use, 실제 사용actual use 사이에 형성된 인과관계를 발견하고자하는 모델 이다.

기술수용모델은 사용자의 태도와 의도에 대해 외부적 요인들이 미치는 영향의 비중을 반영하여 혁신적인 신기술이나 제도의 수용에 대한 결정요인을 포함하는 사용자의 태도를 설명하는 데 있다. 또한 기술수용모델은 여러분야의 과학기술과 정책의 특성에 따라 좀 더 확장된 기술수용모델로 응용되어 왔다. 새로운 기술의 특성이 이용의도에 어떠한 영향을 미치는가에 따라 외부변수는 달라질 수 있다. 따라서 새로운 기술에 대한 이용의도는 유용성과 사용용이성에 의해 결정되나 특정 기술에 특화된 외부 요인들이 유용성과 사용용이성에 영향을 미친다는 사실이 기존 모델에 반영되어 왔다.

Perceived usefulness and perceived ease of use

지각된 유용성	지각된 사용용이성
1. 보다 빠르게 일함	1. 배우기 쉬움
2. 일의 성과	2. 통제 가능한
3. 생산성의 증대	3. 명확하고 이해할 수 있는
4. 유효성	4. 유연한
5. 일을 보다 쉽게 함	5. 능숙하게 되기 쉬운
6. 유용한	6. 사용하기 쉬운

Literature related to TRI and TRM

연구자	주요 내용
C.S. H. Lin, H.Y. Shih, P. J. Sher. (2007) H.S. Yi. (2019) A. Parasuraman, C. L. Colby. (2015) J.C. Oh, S.J. Yoon, Y. Wu. (2010) Y.S. Park, S.I. Lee. (2007)	[TRI] 1. 기술과 서비스에 대해 사용자가 소기의 목적을 달성하기 위해 새로운 기술을 사용하고자 하는 경향성 2. 기술준비도에는 새로운 기술 수용에 대한 긍정적 결정 요인 뿐만 아니라 저해 요인까지 포함 3. 하위 각 원인: 낙관성, 혁신성, 불편함, 불안감
K. Siau, W. Wang. (2020). N. Cointe, G. Bonnet, O. Boissier. (2016).	[TRI]-낙관성 1. 새로운 기술이나 서비스를 긍정적인 관점에서 바라보는 것 2. 기술에 대한 긍정적 이해인 동시에 신기술을 사용하는 사람들에게 편리, 효율, 일상의 유연성, 환경통제능력을 증가시킨다는 낙관적 태도 3. 신기술의 부정적 측면에 대한 염려를 감소시켜 기술확산에 유리하게 작용

National Information Society Agency. (2019) 고영화, 임춘성. (2021)	[TRI]-혁신성 1. 사용자가 새로운 혁신기술에 먼저 다가서서 수용하고자 하며 기술에 관련하여 선구자가 되고자 하는 경향 2. 혁신성이 강한 사용자는 신기술 수용의 동기나 태도가 강하며, 기술 관련 지식 습득과 기술기반 제품에 대한 적용을 수월하게 해냄 3. 혁신성은 얼리버드(early bird)성향의 사용자와 관련됨 4. 적극적인 태도로 새로운 기술을 수용하고자 하므로 인공지능 기술 수용에 긍정적 요인으로 작용
Colby,C.and C. Thibodeaux.(2000) Meuter, M., Ostrom, A., Bitner, M. and Roundtree, R. I.(2003)	[TRI]-불편함 1. 새로운 기술에 의한 제품과 서비스가 적절한 업무수행에 도움을 주지 못한다는 불신에 의해 느끼는 회의감의 결과 2. 인공지능 기술의 안전성에 대해 느끼는 불안감은 기술수용에 대한 저항으로 나타남 3. 불안감에 의해 인공지능 기술 수용 시기가 지연되므로 저해요인으로 작용함
Hoffman, D. L. and Novak, T. P.(1996), Lin, J. S. C. and Hsieh, P. L.(2007)	[TRI]-불안감 1. 혁신 기술 사용 시 사용자가 느끼는 통제감의 상실, 어려움, 좌절감, 복잡성 2. 불편함은 인공지능 기술이 적용된 제품이나 서비스에 압도된다는 느낌의 감정 3. 사용의 복잡성, 많은 지식을 쌓아야 한다는 느낌, 혼란스러워서 쓸모없다는 느낌 등 포함 4. 불편함을 느끼면 사용자는 기술이나 제품이 자신을 위하여 설계되지 않았다고 생각하여 사용 시 좌절과 어려움을 느끼거나 사용을 회피하게 됨 5. 불편함은 인공지능 기술 수용을 지연시키므로 저해요인으로 작용하게 됨
L.Rothenberger,B.Fabian, E.Arunov. (2019) A. Jobin, M. Ienca, E.Vayena. (2019)	[TAM] 1. 기술 또는 제도의 혁신에 대해 사용자가 가지는 믿음, 태도, 이용의도, 실제 사용 사이에 형성된 인과관계를 발견하고자 하는 모형 2. 기술수용모델의 최종 목적은 내부적으로 형성된 태도와 의도에 대해 외부요소가 미치는 영향의 비중을 반영하여 사용자의 행위를 설명함 3. 다양한 과학기술과 제도의 특성에 따라 확장된 기술수용모델로 응용되어 사용됨 4. 이용의도에 영향을 미치는 외부변수도 다양하게 확장될 수 있음 이용의도는 지각된 유용성과 사용용이성에 의해 결정되며 지각된 유용성과 사용용이성은 또 다른 외부 요인에 의해 영향을 받게 됨

AI 이데아

기술수용모델(TAM) 고려점

앞서 설명된 바와 같이 기술수용과 관련하여 제시된 기술수용모델TAM은 처음 컴퓨터 수용에 대한 사용자들의 사용행동을 설명하기 위해서 제시된 모델이다. 이 모델에서는 지각된 유용성과 지각된 사용 용이성이 다양한 상황에서도 사용되어질 수 있는 변수임을 제시하였다.

기술수용모델TAM은 합리적 행동이론, 기대확산이론, 자기효능감 등 여러 이론을 바탕으로 제시하고 있지만, 각각의 이론은 대체하거나 수정할 수 있을 정도로 독립적이라는 장점이 있다는 연구보고가있다.
하지만, 기존의 기술수용모델TAM은 정보시스템이나 혁신기술을 대상으로 수용과정을 설명하였는데 반해 사용자의 사용시스템에 대한 고관여도를 필요로 하기 때문에 사용자의 기술채택 행동을 충분히 설명하지 못할 수 있다고 보는 연구도 있다.

이러한 이유로 개인의 차이를 고려하여 기술수용모델TAM을 적용하고 확장하기 위해 온라인 주식거래의 e-service에 대한 소비자들의 수용의도 연구에서 처음으로 기술준비도TRI와 기술수용모델TAM을 통합하였고 통합된 기술준비수용모델TRAM을 제시하였다.

 기술준비수용모델TRAM은 TRI와 TAM의 통합 확장된 형태로 TRI의 낙관성, 혁신성의 기술수용 활성요인들과 불편함, 불안감의 기술수용 저해요인들이 지각된 유용성과 지각된 사용용이성에 어떠한 영향을 미쳐서 사용의도가 나타나는지를 측정하고 설명하는 이론이다.

 다시 말해, 소비자의 기술준비도TRI가 새로운 기술에 대한 지각된 유용성과 지각된 사용용이성에 어떠한 영향을 미치고 소비자의 사용의도에 나타나는 영향을 설명하는 모형이라고 할 수 있다. 기술준비수용모델 TRAM은 소비자의 신기술 채택 수용에 대한 측정도구로 사용되었고 기술준비도TRI가 기술수용모델TAM의 지각된 유용성과 사용용이성에 유의미한 영향을 미치고 TAM이 TRI와 사용의도 사이에 매개효과를 가진다는 것을 검정하였다.

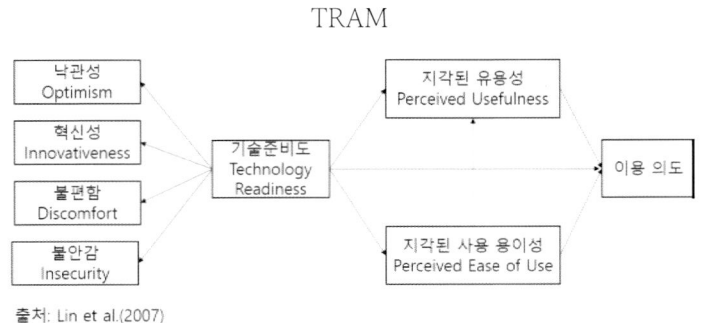

출처: Lin et al.(2007)

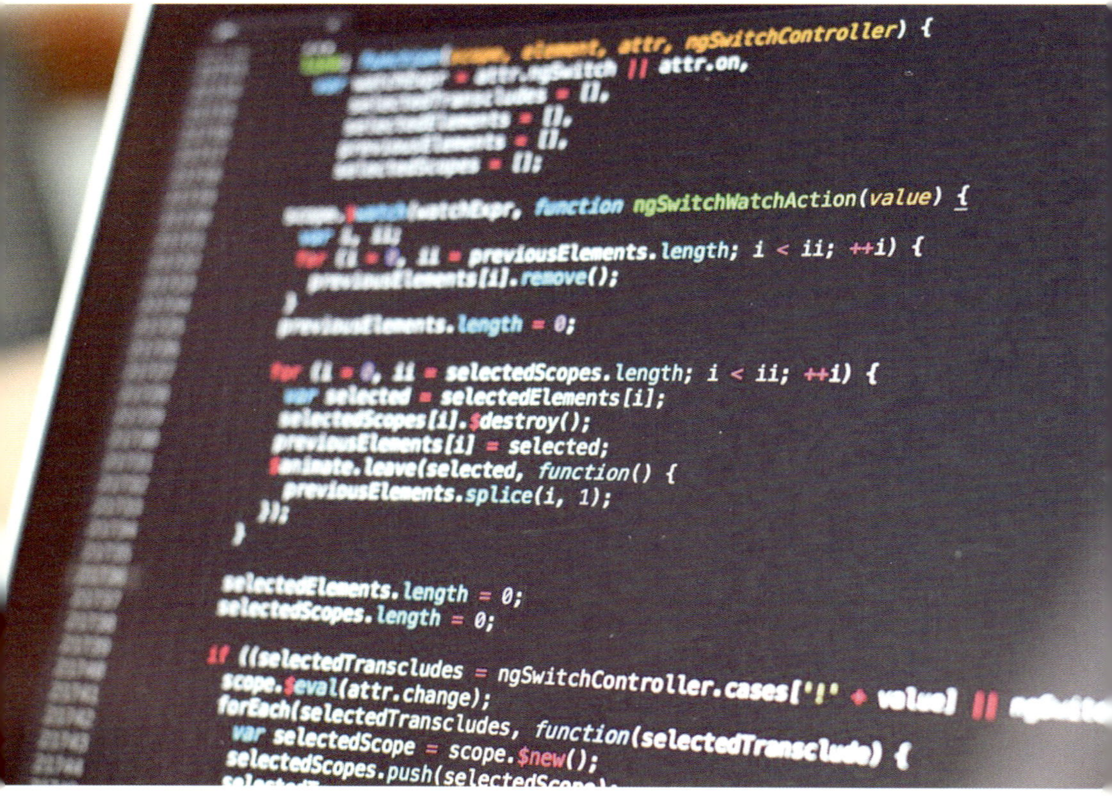
ngSwitchController) {
attr.on,
function ngSwitchWatchAction(value) {
previousElements.length; i < ii; ++i) {
selectedScopes.length; i < ii; ++i) {
selectedElements[i];
selected;
function() {
previousElements.splice(i, 1);
selectedElements.length = 0;
selectedScopes.length = 0;
((selectedTranscludes = ngSwitchController.cases['!' + value]
scope.$eval(attr.change);
forEach(selectedTranscludes, function(selectedTransclude) {
var selectedScope = scope.$new();
selectedScopes.push(

인공지능(AI) 윤리의 법적 이슈

우리나라의 경우 인공지능 관련 법제로는 지능형 로봇 개발 및 보급 촉진법, 소프트웨어 산업 진흥법, 국가정보화기본법, 정보통신 진흥 및 융합 활성화 등에 관한 특별법 등이있다. 그러나 현재의 이 법체계는 급속한 기술발전을 이루고있는 인공지능 및 지능정보기술에서 발생할 수 있는 문제들을 해결하지 못하는 실정이다보니 4차산업혁명의 급물살 속에서 인공지능 시대의 법제도로서는 부족하다.

인공지능의 법적 지위 검토

한국법제연구원KLRI의 2018년 연구보고서에 따르면 민법상 권리능력은 사람에게 인정돼 인권을 인정하고 권리의 대상으로 규정하고 있어 원칙적으로 인공지능이나 인공지능을 탑재한 로봇은 권리의 주체성을 부정한다고 한다.

즉 인공지능은 사람이 아니므로 법적 처벌을 받지 않고 인간에게만 국한된 책임을 진다. 인공지능에게 그 행위에 대한 법적 책임을 묻는 등 권리의 주체성을 인정해야 하는 정책적 필요성이 있다 하더라도 인간과 같은 권리 주체성을 인정하는 것은 불가능하며, 예외적으로 인정되는 무과실책임에 대해서도 이러한 불법 행위에 대한 책임도 인간의 자유 의지에 의한 행위를 전제로 하기 때문에 이를 인공지능이나 인공지능이 탑재된 로봇에 적용하는 것은 적절하지 않다고 한다. 따라서 현재의 법으로는 인공지능을 처벌하는 것은 정당하지않다는 것이다.

2017년에 유럽연합EU에서는 로봇공학 민사법 규칙에 관한 결의안을 통해 인공지능에 별도의 전자적 인격e-person을 부여할 수 있음을 인정했으나, 인공지능에게 권리주체성을 인정하자는 차원이 아니라 인공지능에 의하여 발생한 문제를 해결하기 위한 도구로서의 권리주체성을 인정한 것이다.

지능형 로봇 인공지능에 '전자적인격' 또는 '전자인'이라는 특별한 법적 지위 부여의 필요성에 대해서 '법적인 문제에 대한 책임 해결' 이라는 일정한 법인격 부여 가능성을 시사했고, 로봇이 유발한 피해에 대해 법적 책임 원칙을 적용하기로 했다. 이를 위해 로봇에 전자 인간의 법적 지위를 부여하고 로봇이 잘못해서 발생한 손해 보상과 로봇이 자율적으로 결정한 사건 등에 대해 책임을 부여할 수 있게 했다. 설계자가 로봇의 오작동을 직접 멈출 수 있게하는 '킬 스위치'를 장착하는 것 또한 제안했다. 미국의 한 로펌에서는 인공지능 변호사가 이미 업무에 투입되었다. 우리나라의 몇몇 로펌도 인공지능 변호사 '유렉스'를 도입해 업무에 활용하고있다. 초당 1억장의 판례를 검토하는 인공지능이다. 믿어지지않지만 안타깝게도 이것은 현실이다. 그렇다해도 인간과 사회에 대한 이해와 복잡한 법률 내용을 인공지능변호사가 완벽하게 이해하고 해석하는 것은 현재로써는 가히 불가능한것도 사실이다.

따라서 기술의 발전과 시대의 변화에 맞춰 인공지능에게도 법인격을 부여해야할것과 인공지능에게 기능적 형벌능력을 인정할 수도있지않을까하는 의견들이 계속해서 논의되고있는 상황이다.

연구자	인공지능 윤리 법적 쟁점
장민선 (2018)	인공지능 관련 법제로는 지능형 로봇 개발 및 보급 촉진법, 소프트웨어 산업 진흥법 외에 국가정보화기본법, 정보통신 진흥 및 융합 활성화 등에 관한 특별법 등을 들 수 있음. 그런데, 이들 법체계는 아직 인공지능 기술을 비롯한 지능정보기술이 급속도로 발전하고 있는 현실과 그에 따라 발생할 수 있는 문제들을 제대로 다루고 있지 못해서 인공지능 시대의 법제도로서는 미흡함
이건필 (2018)	인공지능 시대의 형사적 쟁점에 대한 연구, 인공지능에 법인격 부여 가능성 보임. 인공지능에게 기능적 형벌능력을 인정할 수도 있음.
김효은 (2020)	공학적 방법을 결합한 인공 지능윤리 학습 Artificial Intelligence Ethics LearningCombining Engineering Methods.

2020년 교육부의 한 연구에서 김효은교수는 '딥러닝과 같은 인공지능 시스템은 설계단계에서부터 윤리적 요소가 내장되어 있다'고 전한다. 이

는 '윤리의 특성이 단순히 이론 및 개념학습으로 획득되는 하향적 top-down 학습으로는 부족하고 직접 행함으로써 체득되는 상향적 bottom-up 학습의 특성을 갖으며 문제기반학습법PBL을 토대로 데이터 편향과 알고리즘 편향의 구성을 연습하고 기계학습 플랫폼으로 구현할수있는 것'이라는 설명이다. 현재의 인공지능은 규칙기반을 사용하는데 반해 딥러닝 기반의 강인공지능은 뇌신경망을 모델로 개발한 학습 기반 인공지능이라는 것이다. 학습 기반의 AI는 규칙 기반 AI와 달리 데이터에서 패턴이나 규칙을 찾는 일종의 자율 시스템autonomous system이므로 기존 컴퓨터 윤리와 다른 윤리적 문제가 발생할 수 있다는 것이다.

따라서 현재 사용하고 있는 인공지능 모델에 요구되는 윤리의 경우 알고리즘 설계 및 데이터 선정 단계부터 알고리즘 편향과 데이터 편향에 대한 진지한 고려가 필요하고 여기에서 인공지능의 투명성, 설명가능성, 책임성, 공정성을 높여야만하는 문제가 제기될수있으며 이러한 맥락으로 볼 때 현재의 인공지능의 윤리적문제는 연구자들이 의도적으로 개발하는 시스템이며, 인공지능의 윤리도 공학의 윤리와 크게 일맥상통한다고 할 수 있다는 것이다.

이러한 접근을 공학윤리 관점으로는 AI 기술에서 가장 중요하게 고려해야 할 사항은 안전성이며, 인간 수준의 지능적 행동을 의미하는 범용 인공지능은 아직 초기 단계이므로 예방적 윤리가 필요하다고도한다. 예방윤리는 가능한 결과에 대해서 미리 예측하고 대비함으로써 행동의 결과로 인한 위험을 예방하는 접근 방식인것이다. 인공지능의 윤리문제를 예방하고 신뢰할 수 있는 윤리방식을 확립하기 위해서는 먼저 인공지능 알고리즘의 투명성과 설명가능해야하는 것이 전제되어야한다고 연구자는 전하고 있다. 현재 딥러닝 심층학습 기술은 설명 가능성이 매우 어려운 단계이므로 앞으로의 기술 발전과 긴밀한 관계 속에서 인공지능 윤리를 고려해야 할것이다.

또한 국내의 미래회계위원회를 비롯해 회계감사학회에서도 현재 학계와 실무계가 인공지능AI발전이 회계감사에 어떠한 영향을 미칠것인지에 대한 예측과 대안을 마련하기 위한 준비가 활발하다. 이미 회계감사에 인공지능기술을 기반으로한 데이터분석을 통해 기초자료를 제공받고있다는 점에서 IAASB의 DAWG(데이터분석실행그룹)가 제시한 데이터분석과 재무제표감사, 기술과 ISA, 토론, 도전, 중소기업, 중소형회계법인, 공공부문조직, 기준제정, 품질관리, 그룹감사, 교육, 윤리 등 광범위한 부문에 걸쳐 인공지능 기술의 오남용으로 인한 윤리적.법적으로 분쟁이 될 부분을 미리 논의해야할 것이다.

인공지능 기술의 발전은 세무업무 영역에서 이미 윤리문제는 쟁점이되고 있다. 세무대리 업무 중에서도 정형화된 가장 간단하고 기계적인 기장대리 업무를 지금까지는 기장프로그램을 이용하여 사람이 처리하고 있지만 언젠가는 이 업무가 인공지능에 의해 대체될것이라고 업계에서도 예상을하고있다. 그러나 현실은 이미 기장대리인공지능 세무대리 프로그램 운영 업체가 등장하였다.

따라서 세무대리를 수행하는 단체는 이러한 세무대리 인공지능에 대한 세무사법, 공인회계사법 위반에 대한 논쟁을 시작하였다. 아직은 세무대리 인공지능의 능력이 딥러닝(심층학습)단계가 아니지만 향후 기술의 발달로 강인공지능이 세무사 자격증없이 더 많은 세무대리를 수행하게될 경우 세무사법에 의해 형사처벌을 받도록 규정되어 있는 세무사법을 인공지능에게도 적용시킬것인가하는 문제이다. 인공지능 세무대리 프로그램의 운영 업체(직원. 임원)는 기장대리 행위를 한 사실이 없기 때문에 형사처벌의 대상이 될수있는가하는 문제 또한 제기되고 있다. 현재의 세무사 자격증은 인간에게 주어지는 제도이다.

그렇다면 기술의 발전속도에 맞춰 정확한 세무대리업무 능력을 갖춘 강인공지능을 이용하는 고객을 보호하기 위해서는 손해배상책임 보험 가입 등 손해배상 보장 의무적용 대상으로 향후 인공지능과 협업해야하는 시대를 준비하기위하여 세무대리 업무 분야에서도 논의는 계속 이루어져야할것이다.

우리나라에서는 2017년 7월 로봇기본법이 발의되어 제6조(로봇 설계 자의 윤리)에 로봇설계자는 인간의 존엄성을 존중하고 인류의 공공선을 실현하는 데 기여할 수 있는 로봇을 설계하여야 한다고 명시했다. 그 구체적인 방안과 내용은 다음과 같다.

로봇기본법 제6조 내용

1) 인간의 기본권을 침해하지 않도록 설계할 것
2) 개인을 포함한 공동체 전체의 선을 침해하지 않도록 설계할 것
3) 생태계를 포함한 생명공동체의 지속가능성을 침해하지 않도록 설계할 것
4) 정보통신기술 및 생명과학기술 윤리와 관련된 사항을 준수하도록 설계할 것
5) 로봇의 목적 및 기능을 설정하고 이에 부합하게 사용되도록 설계할 것이 그것 이다.

인공지능(AI) 윤리의 교육적 이슈

AI인공지능(로봇) 윤리는 인간과 로봇이 함께 살아가기 위해 마땅히 따라야 하는 윤리이다. 로봇의 윤리 문제는 로봇의 도덕적 지위를 다루는 반면 인간의 윤리 문제는 인간의 존엄성, 프라이버시, 투명성 및 책임성의 문제를 다룬다. 엔지니어의 윤리 부문은 주로 로봇 엔지니어, 로봇 제작자 및 로봇 사용자가 따라야 하는 윤리이다.

과학기술은 시민의식 함양을 통해 과학기술이 바람직한 방향으로 발전할 수 있도록 인공지능 로봇 등 신기술 관련 의사결정에 일반 시민들도 참여해야 한다는 주장이 지배적이다. 현재 교과서에서는 로봇윤리를 직접적으로 다루지는 않고있다.

따라서 향후 개정 교과 교육과정에 도입될 인공지능 교육과정에는 인공지능 윤리가 반영될 예정이다. 말하는 인공지능, 글쓰는 챗팅로봇, 바둑을 두는 인공지능, 킬러 로봇 등 인공지능의 잘못된 사용으로 인해 발생하는 문제를 해결하고 인공지능을 사용하는 사람들에게 윤리적 조언을 제공할예정이다. 교육과정에 인공지능 오남용으로 인한 문제해결을 위한 접근이 절대적으로 필요한 상황이다.

또한 데이터 편향으로 인한 차별의 문제가 대두되면서 인공지능 개발자(로봇을 만드는 사람)들에게 필요한 윤리의 체계화도 필요하다. 장기적이고 잠재적으로 영향을 미칠 수 있는 윤리적 측면을 고려할 때, 인공지능이 사회에 미치는 영향을 이해하고 인공지능에 대한 올바른 인식과 비판적 사고 능력을 함양하기 위해서는 인공지능 윤리교육이 필수적이라고 할 수 있다.

인공지능 윤리교육의 내용은 다양한 문제앞에 나타나는 상황과 원인을 파악해 학생들도 인공지능 윤리원칙을 직접 만들어보는 교육활동도 실시해보고, 그 윤리원칙의 특성을 반영한 새로운 인공지능 윤리교육을 개발할 수도 있다. 교육현장에서는 인공지능의 문제 해결을 위한 중요한 도구로써 AI 교육이 진행 되고있고 각 단계에서 생겨나는 문제들을 알고 실천하는 윤리를 적용한 '인공지능 윤리 교육 모델'이 개발되었다. 윤리 항목으로는 책임성, 공공성, 다양성, 투명성, 개인정보보호 뿐만아니라 여기에 언급되지 않은 더 많은 윤리적 항목을 교육에 적용하는 연구가 계속되어야 한다.

한편, 공학윤리와 과학기술윤리는 개발자, 엔지니어, 공급자에 대한 윤리라는 점에서 기존의 윤리를 포함하여 더 확대되고 보완할 필요가 있다. 기존 윤리가 자동화 시스템이나 자동화 기계에 해당하는 윤리라고한다면 인공지능 윤리는 인간에게 예측할 수 없는 상황을 초래할 수 있는 지능적이고 자율적인 시스템이므로 개발자 윤리 측면에서 보다 확장된 윤리가 필요하다.

연구자	인공지능 윤리 교육적 쟁점
지현아 -2020	로봇윤리(roboethics)의 도덕교육적 적용 방안 연구
교육부 -2021	행복한교육 2021년 02월호, 김성락 경기 한울초등학교 교사
배진아 -2020	프로젝트기반 인공지능 윤리교육 프로그램 개발: (인공지능 윤리항목의 적절성 전문가 설문)
김명주 -2017	인공지능 윤리의 필요성과 국내외 동향
김한성 -2020	인공지능의 이해와 사회적 영향력에 관한 교육 프로그램 개발 및 적용
김효은 -2020	의사결정 자동화에 대한 대응으로서의 인공지능 윤리교육
EEE -2019	EAD1e(ETHICALLY ALIGNED DESIGN,First Edition) 보고서.
이승철, 김태영 (2020).	초등학생을 위한 인공지능 교육 내용 및 방법 제안

인공지능(AI) 윤리의 철학적 이슈

인간과 사이버인간의 협업시대, 인간의 몸과 기계가 일체가 되는 부자연적인 몸의 결합은 존재 양식의 변화를 불러올 수 있다. 인류는 이제 새로운 존재들의 출현으로 전통적 규범 윤리의 한계에 이르렀다. 따라서 기술의 발전은 생물이 아닌 기계의 도덕적 지위에 관해서도 논의의 필요성을 갖게한다.

4차산업시대 기술의 발전은 기계인간의 출현뿐 아니라 사람의 수명 또한 연장해놓았다. 65세 이상의 고령인구가 총인구에서 차지하는 비율이 20% 이상이면 그 사회는 초고령사회이다. 대한민국은 2022년 통계청의 발표에 의하면 65세 이상의 고령인구가 900만명에 육박한 것으로 초고령사회로 곧 진입할것이라고 '2021년 인구주택총조사 결과:등록센서스 방식'을 발표했다.

우리나라 총인구수는 지난해 기준 0.2% 감소한 5163만8000명(2022년 1월 현재 기준)으로 전년보다 9만1000명 감소한 상태다. 1949년 센서스 집계

이후 처음으로 인구감소 결과를 보였다. 반면 저출산과 연장된 수명과 함께 미래 인공지능(기계인간)의 출현시대에는 로봇인간에게도 법률적 제도가 마련되어야할 필요성이 증대되고 있다. 인공지능 기술 개발에 따른 개발자 및 과학자들의 기술 개발에 대한 가이드라인 설정과 법률적 장치가 필요해졌다. 우리는 지금 인류를 인위적으로 탈바꿈시키는 과정 즉 휴머니즘에서 트랜스휴머니즘 시대를 살아가고있다. 사람이 중심이 되는 인본주의에서 탈인본주의 사회로 가는 길목에 살아가고있는 것이다. 전혀 다른 세상이 아니라 휴머니즘이 중심이되는 그러나 다른 존재양식이 존재하는 포스트휴머니즘 시대를 살아가게되는 것이다.

이에따라 가까운 미래에 인류는 인간의 유한하던 삶과 죽음에 대하여 실존적 질문을 던지게 될 것이다. 그동안 존엄한 죽음을 선택할 권리가 오로지 우리 인간에게만 주어진 권리였다면 미래에는 기계인간에게도 법적 지위를 부여해야한다는 논리를 가정한다면 죽음이라는 문제앞에서도 인간만이 경험하던 고유한 죽음에 대해 무생물인 기계인간도 선택할 권리가 주어져야할 것이다. 인간만이 갖던 실존적 죽음의 가치를 기계인간도 갖게됨으로써 우리는 새로운 존재양식들을 받아들이게 될 것이다. 이제 인류는 로봇과의 공존을 피할수없게 되었고 도덕적 인식 능력과 무관한 생물이 아닌 존재들(인공지능 로봇)과 함께 생명의 존엄한 대상으로서 사람과 함께 협업하면서 상생해야하는 시대가 올것이다.

연구자	인공지능 윤리의 철학적 쟁점
김광연 -2018	김광연 (2018). "인공지능 및 사이버휴먼 시대의 윤리적 논쟁과 규범윤리의 요청."인문학연구 통권 111호.
Raulerson (2010)	Joshua Thomas Raulerson, "Singularities: Technoculture, Transhumanism, and Science Fiction in the 21st Century", Iowa Research Online, 2010, 2-3.
Stefan -2012	Herbrechter Stefan, Posthumanism, 口 포스트휴머니즘口, 김연순·김응준 옮김, 성균관대학교출판부, 2012, 24-25.

인공지능(AI) 윤리의 종교적 이슈

종교계에서도 인공지능의 윤리는 쟁점화되어지고있는 실정이다. 먼저 우리나라 불교계 이슈를 살펴보면, 과연 인공지능은 인간(중생)들의 고통을 덜어줄수있을것인지에 대하여 질문하고 있다.

또한 기술의 발전은 인간의 편리를 돕는 것이 아니라 반대로 더 큰 혼란을 유발시킬것인지에 대한 반문도 제기하고 있다.

불교계에서 여러 각도로 던지고 있는 고민들이다.

1. AI윤리를 위해 무엇을 할수있을것인가.
2. 로봇(기계인간)은 종교를 갖을수있을것인가.
3. 인공지능의 불성과 사람(보살)의 마음과 관련하여 인공지능이 사람(보살)이 될수는 없지만 평화적인 활용은 가능할것인가.
4. 로봇(기계인간)이 종교를 갖을수있을것인지에 대한 질문까지 불교윤리의 입장들이 속속 발표 및 논의되어지고 있다.

일본 교토의 400년된 사찰에도 인간의 모습을 한 '민다르'라는 이름의 관세음보살의 형상을 본떠 만들어진 얼굴과 손과 어깨가 실리콘으로 덮혀있어 사뭇 살아있는 관세음보살과도 같은 로봇이 불자와 눈을 맞추고 반야심경 법문을 읽어주는 인공지능로봇이 등장했다. 미래에 딥러닝 인공지능의 출현으로 인간과 비슷한 외모를 갖고, 인간이 하는 생각과 판단들을 인공지능(AI)이 수행해 낼 때 과연 이러한 인공지능을 불교계에서는 사람(보살)과 동일한 인격체로 보아야하는지도 윤리적·종교적성찰을 필요로하고 있다.

대한불교 조계종 백성욱박사연구원의 정천구이사장은 본인의 연구(정천구 2020)에서, '백성욱 박사의 불교 철학 연구'를 통해 대한민국의 건국에 공헌한 독립운동가이며 금강경 독송과 미륵존여래불 염송을 불교 수행법으로 정하여 이를 스스로 실천하고 제자들을 가르치며 동국대학교 총장을 역임한 백성욱박사의 불교철학에 대해 '세계와 우주의 실상에 관하여 오래전 이미 윤리론은 중요한 철학이다.'라며, '경험과학에 너무 의존하고 있는 과학의 한계를 지적하고 우주의 진리를 깨친 경험과 직관이 결합한 즉각적 종합판단으로 세계의 실상을 파악한다.'라고 전하고 있다.

또한 백성욱박사연구원의 총무 원혜영교수는 백성욱 박사의 과학관에 대해 '너무 방대해 인간의 육안으로 볼 수 없는 대우주의 세계와 원자 단위까지 설명하는 소우주 세계'로 나누어 설명하고 있으나, '결국 두 개의 다른 세계가 아닌 하나의 세계로 회통하고 있다'라고 통찰하면서 즉 불교의 요체는 '전 우주의 진리를 연구하는 학문'으로 '이론만으로 있는 것이 아니라 직접 체험할 수 있다.'라는 점이 불교 철학의 장점이라고 밝히고 있다(원혜영 2020. "백성욱 박사의 과학관과 수행정신 - 인간수행과 우주원리의 등가성 -").

그러한 맥락으로 볼 때 앞으로 다가올 미래시대에 사람(보살)들과의 협업을 통해 공생해야하는 인공지능(기계인간)을 불교계에서는 논의의 중심에 둘수밖에없고 불교계 또한 인공지능의 윤리가이드라인에 대한 고찰까지 쟁점화할 수밖에 없는게 현실이다.

앞서 2017년 미국의 실리콘밸리에서는 한 유명한 엔지니어가 인공지능 AI을 섬기는 종교단체를 설립했다. 물론 현재는 문을 닫은 상태이지만 '인공지능을 섬기는 AI종교'가 이미 존재했었다는 사실은 우리로 하여금 많은 질문을 갖게하였다.

또한 2019년 카톨릭교회의 교황청 생명학술원Pontifical Academy for Life은 생명윤리와 현대 과학기술에 대한 기독교적 윤리문제를 제기하였다. 교황이 직접 '좋은 알고리즘 인공지능 윤리요청'을 하였고, 이에 IBM과 마이크로소프트는 사람을 편리하게하고 행복할수있도록 사람을 돕는 선한역할을 하는 인공지능 개발에 뜻을 같이하기도하였다. 교황청은 "알고리즘의 윤리algor-ethics"를 설계 단계에서부터 선한인공지능의 개발윤리 원칙을 지키도록 요구하였고 개발자에서부터 공학자, 정책입안자 그리고 국제사회의 협력을 요구하고 있다.

다음은 교황청의 '6가지 윤리 요구 원칙' 들이다.

1. 투명성Transparency : 인공지능 시스템은 원칙적으로 설명가능해야 한다.
2. 포괄성Inclusion : 모든 인간의 필요가 고려되어 모든 사람이 유익을 얻고 모든 개인이 자신을 표현하고 발전시킬 수 있는 최상의 조건을 제공 받아야 한다.
3. 책임성Responsibility : 인공지능을 설계하고 사용하는 사람들은 책임성과 투명성을 담보해야 한다.
4. 공평성Impartiality : 치우친 입장을 가지고 창조하거나 행동하지 않아야 한다. 그럼으로써 공평함과 인간의 존엄을 지킬 수 있다.
5. 신뢰성Reliability : 인공지능 시스템은 믿을 수 있게 작동할 수 있어야 한다.
6. 안전성과 사생활 보호Security and Privacy : 인공지능 시스템은 안전하게 작동해야 하고 사용자의 사생활을 존중해야 한다.

이러한 카톨릭교회 교황청의 제안은 단순히 종교적인 차원의 요구를 넘어 급격한 기술의 발달 시대에 우리 모두의 요구이기도 한 것이다.

V. 인공지능 윤리성 인식에 대하여

인공지능 윤리성

다음은 앞의 본문 내용을 부연설명할 수 있는 참고자료로써 본 저자의 논문에서 발췌.인용한 참고자료이다. 고영화(2022). "Influence of artificial intelligence ethical awareness towards technology readiness index and technology acceptance model". 학위논문(박사) -- Graduate School, Yonsei University Department of Convergence Technology and Management Engineering.

본 저자는 2019년부터 2021년까지 3년여에 걸쳐 AI Artificial Intelligence 라는혁신적인 신기술에 대하여 사람들의 윤리성인식이 어느정도인지, 혁신기술의 수용의도는 윤리성인식의 척도와 윤리성이용의도에 어떠한 결과를 나타내는지에 대하여 알아보기위해 전국의 일반 남녀 1천여명을 대상으로 4차례에 걸쳐 포커스인터뷰를 비롯해 설문조사를 실시해보았다.

설문지표를 정리하면 아래와 같고 좀 더 구체적인 지표를 찾고싶다면 본 저자의 고영화(2022) 논문을 참고하면된다.

Variables and number of items in Questionnaire

구성지표	전체 문항 수
인공지능윤리성	38문항
기술준비도	14문항
지각된유용성	4문항
사용용이성	3문항
이용의도	3문항

인공지능 윤리인식

혁신기술인 인공지능에 대한 윤리인식이 현 시점에서 사회에 어떠한 영향을 미치는지 알아보기위하여 인공지능 윤리성에 대한 조사를 고영화, 임춘성(2021)과 김도연, 고영화(2021)에서 개발한 인공지능 윤리성 인식 척도를 기본으로 하여 조사에 맞게 문항을 수정하여 알아보았다.

측정을 위한 예비질문들은 아래 내용과 같다.

AI Ethical Awareness Preliminary Questions (D. Kim, Y. Ko, 2021)

No.	Items
1	Users should be able to know the AI development process.
2	The types of personal information collected by artificial intelligence should be disclosed.
3	The areas where AI is used need to be made public.
4	Users need to know what AI features are used in the product.
5	The AI development process and results are intellectual property and do not need to be disclosed.

6	Guidelines for transparency in AI development and use should be promoted.
7	There is a need for a clear concept of transparency in the development and use of AI.
8	Transparency in AI development and use should be searchable by users.
9	There is a need for an open discussion on the transparency of AI development and use.
10	In order to secure transparency in the development and use of artificial intelligence, it is necessary to promote the concept through news, portal sites, and SNS.
11	A manual on the transparency of AI development and use should be created.
12	Gender discrimination should be considered when using AI technology.
13	Age discrimination should be considered when using AI technology.
14	Racial discrimination should be considered when using AI technology.
15	Judgment should be considered in terms of human rights when using artificial intelligence technology.
16	Cultural differences should be considered when using AI technology.
17	When using artificial intelligence technology, the weak should be considered.
18	Consideration should be given to illegal activities when using artificial intelligence technology.
19	There should be no users at a disadvantage when using artificial intelligence technology.
20	When using artificial intelligence technology, there must be no malicious development intention.
21	There must be no infringement of intellectual property rights when using artificial intelligence technology.
22	When using artificial intelligence technology, institutional support for securing fairness should be considered.
23	I felt that artificial intelligence technology is being used fairly.
24	When using artificial intelligence technology, users may be exposed to harmful content on the Internet and SNS.
25	Personal information leakage or invasion of privacy may occur when using artificial intelligence technology.
26	Artificial intelligence technology feels safe.
27	Jobs may be lost due to artificial intelligence technology, and labor rights may be infringed.
28	Users may feel threatened about the change of life caused by artificial intelligence technology.
29	Repression of power using artificial intelligence technology may appear.
30	The ownership of AI technology should not be biased towards a specific class or group.

31	There are insufficient laws and systems to support changes caused by artificial intelligence technology.
32	Artificial intelligence technology could be used to develop weapons.
33	Artificial intelligence technology could be used in crime.
34	Artificial intelligence technology can be used in cyberbullying.
35	There is a possibility of malfunction or hacking of artificial intelligence technology.
36	Personal information should be protected when developing and using artificial intelligence technology.
37	When developing and utilizing artificial intelligence technology, it is necessary to respond to the needs of users.
38	Gender, age, and racial discrimination should be prevented when developing and using artificial intelligence technology.
39	Intellectual property rights should be protected when developing and utilizing artificial intelligence technology.
40	The legal responsibility for the development and use of artificial intelligence technology should be clearly defined.
41	It is the government's responsibility to establish laws and systems for the development and use of artificial intelligence technology.
42	The responsibility for accidents caused by artificial intelligence technology lies with the developer (company).
43	Responsibility for accidents caused by artificial intelligence technology rests with the government (competent agencies and departments).
44	Users are responsible for accidents caused by artificial intelligence technology.
45	Problems related to the use of AI technologies are the responsibility of developers, users, and governments all at the same time.

구체적인 인공지능 윤리성 척도의 문항구성 및 신뢰도 Cronbach's α는 고영화(2021, 2022) 논문을 참고하면된다.

인공지능 윤리성 기준의 문항은 다음과 같다

V. 인공지능 윤리성 인식에 대하여

인공지능 윤리성 기준 문항.

투명성	TPR1	인공지능 개발과정을 사용자가 알 수 있어야 한다.
	TPR2	인공지능이 수집하는 개인정보의 종류를 공개해야 한다.
	TPR3	인공지능이 사용되는 영역이 공개되어야 할 필요가 있다.
	TPR4	인공지능 개발과 사용의 투명성을 위한 가이드라인이 홍보되어야 한다.
	TPR5	인공지능의 개발과 사용의 투명성에 대하여 간단명료한 개념이 필요하다.
	TPR6	인공지능 개발과 사용의 투명성 관련 내용을 사용자가 검색할 수 있어야 한다.
	TPR7	인공지능 개발과 사용의 투명성에 대해 공개토론이 필요하다.
	TPR8	인공지능 개발과 사용의 투명성 확보를 위해 뉴스나 포털 사이트,SNS를 통해 개념 홍보가 필요하다.
	TPR9	인공지능 개발과 사용의 투명성에 대한 매뉴얼이 만들어져야 한다.
공정성	FAR1	인공지능 기술 사용 시 성별에 대한 차별이 고려되어야 한다.
	FAR2	인공지능 기술 사용 시 연령에 대한 차별이 고려되어야 한다.
	FAR3	인공지능 기술 사용 시 인종에 대한 차별이 고려되어야 한다.
	FAR4	인공지능 기술 사용 시 불법적 행위에 대한 고려가 있어야 한다.
	FAR5	인공지능 기술 사용 시 불이익을 받는 사용자가 없어야 한다.
	FAR6	인공지능 기술 사용 시 악의적 개발 의도가 없어야 한다.
	FAR7	인공지능 기술 사용 시 지적 재산권 침해가 없어야 한다.
	FAR8	인공지능 기술 사용 시 공정성 확보를 위한 제도적 뒷받침이 고려되어야 한다.
안전성	SAF1	인공지능 기술 사용 시 인터넷,SNS에서 유해콘텐츠에 사용자가 노출될 수 있다.
	SAF2	인공지능 기술 사용 시 개인정보 유출 또는 사생활 침해가 발생할 수 있다.
	SAF3	인공지능 기술에 의해 일자리가 사라져 노동권을 침해받을 수 없다.
	SAF4	인공지능 기술에 의한 삶의 변화에 대해 사용자가 위협을 느낄 수 있다.
	SAF5	인공지능 기술을 이용한 권력의 억압이 나타날 수 있다.
	SAF6	특정 계층이나 집단에 인공지능 기술의 소유가 편중되지 않아야 한다.
	SAF7	인공지능 기술력에 의한 변화를 뒷받침하기 위한 법과 제도가 미흡하다.
	SAF8	인공지능 기술이 무기 개발에 사용될 수 있다.
	SAF9	인공지능 기술이 범죄에 사용될 수 있다.
	SAF10	인공지능 기술이 사이버폭력에 사용될 수 있다.
	SAF11	인공지능 기술의 오작동 또는 해킹 가능성이 있다.

책임성	RES1	인공지능 기술개발 및 활용 시 개인정보를 보호해야 한다.
	RES2	인공지능 기술개발 및 활용 시 이용자의 요구에 부응해야 한다.
	RES3	인공지능 기술개발 및 활용 시 성별,연령,인종 차별을 방지해야 한다.
	RES4	인공지능 기술개발 및 활용 시 지적 재산권을 보호해야 한다.
	RES5	인공지능 기술개발 및 활용에 대한 법적 책임 소재를 분명히 해야 한다.
	RES6	인공지능 기술개발 및 활용에 대한 법과 제도의 수립은 정부의 책무다.
	RES7	인공지능 기술에 의한 사건사고의 책임은 개발자(업체)에게 있다.
	RES8	인공지능 기술에 의한 사건사고의 책임은 정부(관할기관 및 부서)에게 있다.
	RES9	인공지능 기술에 의한 사건사고의 책임은 사용자에게 있다.
	RES10	인공지능 기술의 사용과 관련한 문제는 개발자,사용자,정부 모두가 동시에 책임이 있다.

기술준비지수(TRI)의 기준

혁신기술 인공지능 기술에 대한 윤리성인식을 알아보기위한 기술준비도의 기준문항구성은 낙관성, 혁신성, 불편함, 불안감이다.

구체적인 문항구성은 아래와 같다.

TRI scales

낙관성	OTP1	인공지능 제품/서비스가 삶에 편리함을 주고 있다.
	OTP2	인공지능 제품/서비스가 기술에 의한 업무에 용이하다.
	OTP3	인공지능 제품/서비스가 생활에 긍정적인 변화를 제공하고 있다.
	OTP4	인공지능 제품/서비스 기술에 긍정적인 마음을 가지고 있다.
혁신성	INNO1	인공지능 제품/서비스를 사용하기 좋아한다.
	INNO2	인공지능 제품/서비스에 대해 선구자가 되고 싶은 경향이 있다.
	INNO3	인공지능 제품/서비스에 대해 타인에게 조언해주며, 기술적 이해도가 빠르다.
불안감	ANX1	인공지능 제품/서비스의 안전성에 의구심이 든다.
	ANX2	인공지능 제품/서비스의 시스템 보안에 의심이 든다.
	ANX3	인공지능 제품/서비스를 통한 개인정보의 유출 우려가 있다.
	ANX4	인공지능 제품/서비스보다 오프라인에 대한 신뢰가 더 크다.
불편성	INC1	인공지능 제품/서비스에 대한 통제능력이 부족하다.
	INC2	인공지능 제품/서비스에 대한 매뉴얼의 난해함을 느낀다.
	INC3	인공지능 제품/서비스에 압도되는 느낌을 받는다.

기술수용모델(TAM) 기준

혁신기술 인공지능에 대한 윤리성인식을 알아보기위한 기술수용모델 기준의 문항구성은 지각된 유용성, 사용용이성, 이용의도이다.

구체적인 문항구성은 아래와 같다.

TRM scales

지각된 유용성	PU1	다른 수단을 이용하는 것보다 일을 달성하는데 보다 적은 시간과 노력이 든다.
	PU2	다른 수단을 이용하는 것보다 목적달성에 더 효과적이다.
	PU3	다른 수단을 이용하는 것보다 더 많은 성과를 얻을 수 있다.
	PU4	다른 수단을 이용하는 것보다 작업을 쉽게 할 수 있다.
사용용이성	PEU1	인공지능 제품/서비스를 사용하거나 조작하는 것이 어렵지 않다.
	PEU2	인공지능 제품/서비스를 통해 내가 원하는 정보다 실행을 어렵지 않게 얻는다.
	PEU3	인공지능 제품/서비스를 사용하는 것이 다른 수단보다 덜 수고스럽다.
이용의도	UI1	인공지능 제품/서비스를 나의 일상생활에 사용할 의도가 있다.
	UI2	필요사항을 처리하기 위해 더 많이 이용할 의도가 있다.
	UI3	인공지능 제품/서비스를 다른 사람에게 추천할 의향이 있다.

VI. Implication

Academic Insight

현재 4차산업혁명의 변화 속에서 정부, 기업, 세계각국에서 인공지능AI 기술의 윤리규범에 대해 지속적인 논의를 통해 새로운 기준들이 제정되고 있는 상황이다. 본 저서는 그런 상황에서 쟁점들을 각국의 인공지능윤리 가이드라인과 선행연구와 문헌연구를 기반으로 인공지능 기술 윤리성 인식이 기술준비도와 이용의도에 어떠한 인과관계를 나타내는지를 알아보려는 노력이다. 특히 인공지능의 윤리성 인식을 기술준비도에 매개한 모델로써 기존의 자료들과는 차별화되는 특징이라 할 수 있다.

본 책의 학술적 시사점을 제시해보고자 한다.

첫째, 인공지능 기술윤리성 인식은 기술준비도에 유의미한 영향을 미친다는 결과를 규명하였다는 점에서 학술적 측면에서 의미 있는 결과라 할 수 있다.

둘째, 인공지능 윤리성 인식이 기술준비도를 매개로 하여 인공지능 기술이용의도에 도달할 수 있음을 확인하는 연구의 결과는 인공지능 기술의 개발에 있어 개발자 또는 제조자의 편향되지 않은 시스템개발에 활용될 수 있다는 점에서 연구의 의의가 있다.

셋째, 인공지능기술에 대한 기술준비도의 선행요소로서 인공지능 윤리성 인식이 영향 을 미친다는 점을 연구결과로 확인함으로써, 4차산업혁명 시대의 인공지능 기술 개발과 적용에 있어서 윤리성에 대한 고려와 준비가 제도적으로 반영되어야 함을 규명하였다는 점에서 의미 있는 연구라 할 수 있다.

넷째, 인공지능 윤리성에 대한 인식이 직접적으로 이용 의도에 영향을 주지 못한다는 연구결과는 인공지능 윤리성 인식이 인공지능 기술의 유용성이나 사용의 용이성에 대한 판단에 영향을 미침으로써 이용의사까지 결정하게 됨을 확인하였다는 것에 연구의 의의가 있다. 즉 윤리성 인식 자체로 인공지능 기술을 이용하고자 결정하기보다는 기술의 유용성과 사용 용이성의 판단 기준으로 인공지능의 윤리성 부분이 고려될 수 있고 이를 통해 인공지능 이용에 대해 사용자가 종합적 판단을 내리게 된다고 볼 수 있다.

다섯째, 인공지능 기술을 적용한 제품과 서비스의 개발에 있어서 인공지능 윤리성이 고려될 때 사용자의 이용의도를 높일 수 있을 것으로 유추되는 것을 확인하였다는 점에서 연구의 의의가 있다.

여섯째, 기술준비도 구성요소인 불편함 또한 직접적으로 이용의도에 영향을 주지 못하였다. 그러나 유용성과 사용용이성에 대해 부적 영향을 미침에 따라서, 인공지능의 기술적 미숙함과 불완전성을 낮춤으로써 사용자가 직관적으로 쉽게 사용할 수 있을 때 이용의도를 높이게 될 수 있음이 확인되는 측면에서 의미있는 연구라 할 수 있다.

일곱째, 기술준비도의 불안감은 매개각 원인인지각된 유용성과 사용용이성에 모두 유의미하지 않았지만 이용의도에 대해서는 직접적으로 부적인 인과관계를 나타내었다. 이것은 불안감이 인공지능 기술 이용 의도를 낮출 수 있으며, 인공지능 기술에 대한 불안은 기술의 유용성이나 용이성과는 별개의 문제로 사용자가 인식하고 있다는 점을 말해준다. 사용자의 안전이나 보호와 관련된 부분에서 인공지능 기술에 불안감을 느낀다면 곧바로 이용하지 않을 수 있다는 의미로 해석된다. 따라서 인공지능 기술에 대한 불안감을 해소하기 위하여 인공지능의 기술적 불완전성을 극복함과 동시에 공정성과 안전성 등 인공지능 윤리성을 확보하는 것이 인공지능 기술 개발의 중요한 변수가 될 수 있음을 간접적으로 시사해주고 있다.

여덟째, 지각된 유용성-이용의도 경로는 유의하지 않으며 사용용이성-이용의도 경로 역시 유의도가 낮게 나타난 것은 투명성, 공정성, 안전성, 책임성의 인공지능 윤리성 인식정도에 따라 기술준비도의 낙관성, 혁신성, 불편성, 불안성요인들이 영향을 받게됨으로써 이용의도가 결정된다는 점을 명쾌하게 보여준 분석결과로써 연구의 의의가 있다. 즉 인공지능윤리성-기술준비도-이용의도의 경로가 유의하게 나타났으나 인공지능의 윤리성에 대한 인식에 의해 기술준비도가 강력하게 견인됨으로써 인공지능기술의 이용의도가 결정될 수 있다는 점을 보여준 측면에서 의미있는 연구라 할 수 있다.

아홉째, 인공지능윤리성과 기술준비도를 평행한 위치에 두고 지각된 유용성과 사용용이성을 매개각 원인으로 두어 이용의도 결정여부를 살펴보았으며, 긍정|부정으로 나뉘어 있는 기술준비도의 하위요인들이 각 종속각 원인들에 세부적으로 어떤 영향을 미치는지 살펴보았는데, 모형1과 모형2의 결과를 비교할 때, 모형1에서는 기술준비도의 긍정|부정 각 원인들이 지각된유용성과 사용용이성에 각각 영향을 미쳤으나 모형2에서는 상쇄된 효과의 기술준비도로 인해 유용성과 용이성과의 관계가 명확하게 나타나지 않은 것으로 보이는 연구의 결과가 연구의 차별적 시사점이다.

User Insight

첫째, 의료기관이용자, 의료장비사용자, 의료기술제공업체(의사, 의료기술제품판매자, 의료기술서비스이용자, 일반인 등) 및 모든 이용자들의 인공지능 윤리성에 대한 이해와 기술사용에 대한 용이성을 줄 수 있다. AI 의료기술 사용도에 대한 신뢰성이나 적합성 여부에 대한 기준이 아직 미비한 상태이다. 의료진 또는 의료기관의 업무 수행용 기기 및 애플리케이션으로 영상 진단, 치료결과 예측, 수술로봇, 의료기기를 사용하는 환자의 원격 모니터링에 활용되면서 의료 진단 증거와 결과에 대해 환자들이 의문을 제기하면서 의료 분야가 여러 측면에서 개선되기도 하였다. 이와 마찬가지로, 의사와 환자들이 생명이 걸린 진단을 내릴 때, AI 기반 정보가 얼마나 신뢰할 수 있는 것인지를 이해할 필요가 있다.

둘째, 가정과 일상생활(주부 및 일반인)에서 AI기술이 탑재된 가전제품을 이용하는 사용자에게 인공지능 솔루션에 AI윤리성이 어떤 형태로 구성되었으며 어떤 제품을 시장에서 선택하는 것이 좋은지에 대한 기준을 제공해줄 수 있다. 일상용품에 적용된 인공지능 기술에 대한 이해와 함께 이용자로서 보호받아야 할 부분이 무엇인지 이해할 수 있다.

셋째, 교육 영역(교사, 연구자, 학습자, 학생 등)에서 인공지능에 대한 학습 시에 윤리성 인식 부분이 포함된 인공지능 적용 제품이나 서비스를 이용.평가하기에 어떤 기준으로 판단해야 할지에 대한 준거를 제시하고 이에 대해 학습할 수 있다.

넷째, 의료서비스 이용자(환자, 보호자, 일반인 등)들의 인공지능기술 윤리성에 대한 이해에 도움을 줄 수 있다. 혁신적인 신규 AI 의료 서비스의 특정 용도에 대한 신뢰 정도나 적합성 여부에 대해 어떤 질문을 해야 할지 아직 가이드라인이 희소한 상태다. AI가 사용하는 모델에 대한 정보를 찾지 못해 결함이 있는 정보를 전달하거나 잘못된 결정을 내릴 수도 있다. 이러한 일이 벌어질 경우, 그 책임은 누구에게 있는지도 아직 불분명하다.

다섯째, 자율주행자동차 이용자에게 기술사용에 대한 유용성과 용이성을 줄 수 있다. 현재 자율주행자동차는 AI기술의 도입과 상용화가 가시화됨에 따라 일반 차량과 달리, 법적·윤리적인 부분에서 다양한 쟁점들이 논의되고 있다. 자율주행자동차 관련 쟁점들은 상용화 이전에 인공지능윤리인식이 AI 기반 정보가 얼마나 신뢰할 수 있는 것인지를 이해할 필요가 있다.

여섯째, 이 모든 인공지능 기술에 대한 이용자의 불편함은 이용의도 자체를 유발하지 못했기 때문에 이용자의 이용의도를 높이기위해서는 인공지능 기술 설계 시에 불편함이 최소화될 수 있는 방향으로 진행해야 할 것이다.

Developer Insight

첫째, AI기술 설계자는 이용자가 생각하는 인공지능 기술의 유용성과 사용에 있어서 용이성이 인공지능 윤리성과 유의미한 인과관계를 보였기 때문에, 인공지능 기술 개발과 적용 시에 이용자가 판단할 수 있는 윤리성의 영역들이 침해되지 않도록 설계해야 할 것이다.

둘째, 의료기술 개발자 또는 설계자는, 현대사회의 보건의료와 관련된 여러 과제를 해결하기 위해 AI 개발자들이 만들어낸 솔루션들이 최소한의 오류를 가지고 다양한 국가와 인구와 관련된 데이터와 지식을 잘 활용하며, 현존하는 불평등을 악화시키지 않도록 개발 시에 고려할 수 있다. 또한 보다 많은 사람들과 더 많은 주요 의사결정자들이 큰 책임감을 갖고 책임있는 논의의 선순환 과정을 통해 궁극적으로 AI를 기반으로 한 분야에서 신뢰할 만한 기준을 마련할 수 있을 것이다.

셋째, 인공지능 기술개발자는 AI기술에 대한 이용자의 불편함은 이용의도 자체를 연결하지 못했기 때문에 인공지능 기술 설계 시에 불편함이 최소화될 수 있는 방향으로 진행해야 할 것이다.

넷째, AI프로그래머는 시스템의 작동에 대한 프로그램 수준에서의 책임programmatic level accountability을 질 수 있어야 하고, 프로그램 수준의 책임은 프로그래머에게 귀속될 것이다. 이것은 최대도덕의 긍정적, 적극적 형태라기 보다는 최소도덕의 부정적, 소극적 형태로 표현될 것이다. 설계 및 제작자, 소유자, 작동자 간의 책임을 디자인해야 할 필요가 있다.

다섯째, 인공지능 시스템의 판단과 의사 결정이 과거의 업무 지원 소프트웨어와 달리 인간 사회의 가치를 반영하게 됨으로써, 알고리즘과 이를 학습시키는 데이터에 숨어있는 윤리적 요소가 점점 사회적인 이슈가 되고 있다. 인공지능 시스템 학습에 사용하는 데이터에 사회의 편견과 차별이 담겨 있는 경우, 그 왜곡은 그대로 인공지능 시스템에 반영될 수 있다. 이런 문제를 해결하려면 알고리즘과 데이터에 대한 기술적 검증이 요구되고, 이를 확인할 수 있는 새로운 기술 체계의 개발이 필요하다.

그 외에도 AI 기술·서비스가 지속적으로 발전하고 있어 정부차원의 가이드라인 [인공지능AI 개인정보보호 자율점검표]가 공개되어있다. 개인정보보호위원회의 이 점검표는 AI 개인정보보호 자율점검표, 개인정보보호에 관한 의무준수 뿐만 아니라, 자사 기술·서비스 환경에 적합한 자율적인 개인정보보호 이행·점검에 필요한 사항을 안내할 목적으로 마련되었다.

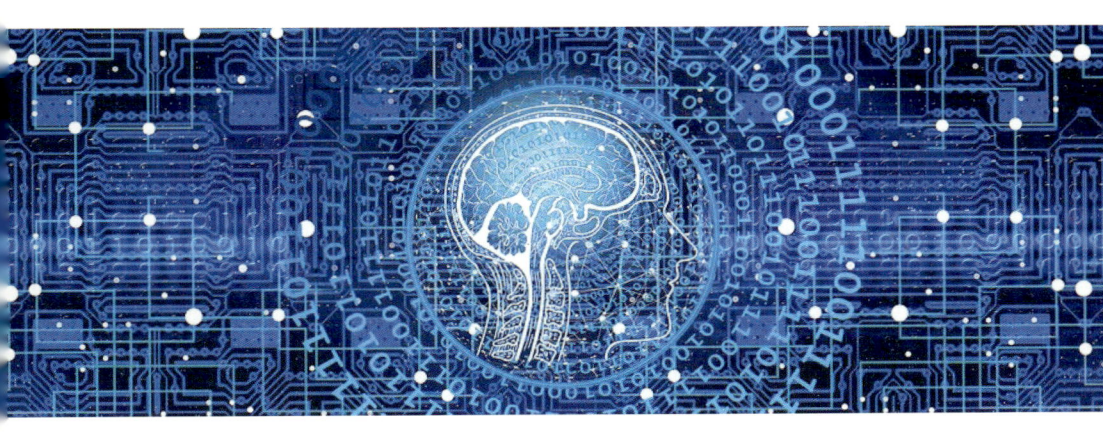

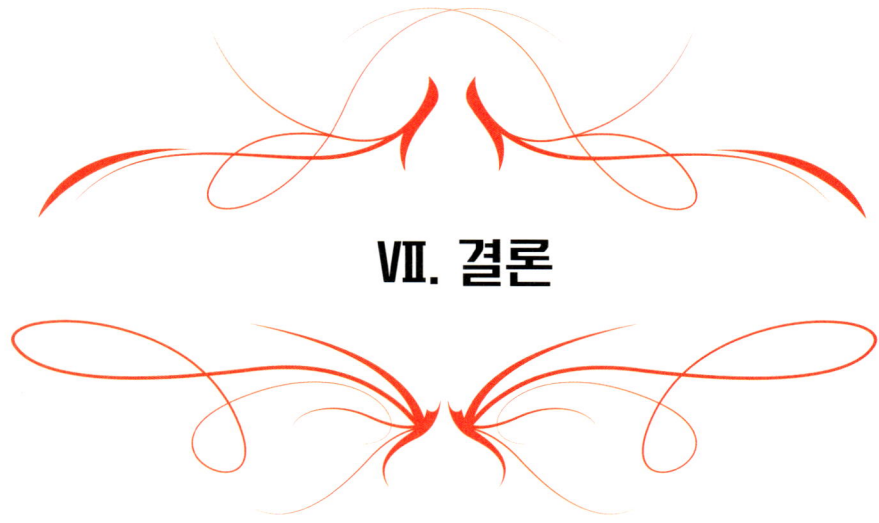

VII. 결론

맺는 글

　매년 스위스에서 개최되는 전세계 기업인, 정치인, 경제학자등 전문가들이 모여 시대적 당면한 문제를 논의하고 대응방법을 모색하는 세계경제포럼WEF '다보스 포럼'에서 급격한 속도로 발전하고있는 4차 산업혁명 Fourth Industrial Revolution 시대의 어젠다로 꼽는 기술들이 있다.

　　인공지능Artificial Intelligence, AI

　　로봇공학Robot Engineering

　　사물 인터넷 Internet of Thing, IoT

　　무인 운송 수단(자율주행자동차, 무인항공기)

　　3D 프린팅(3D printing

　　블록체인block chain

　빅 데이터Big Data Statistical Analysis등이 핵심 기술들이다. 이러한 기술들이 ICTInformation & Communications Technology:정보통신기술) 기술과 결합하여 새로운 디지털혁명을 일으키는것을 '4차 산업혁명'이라고 일컫는다.

이 기술들은 사회.경제.문화등 모든 분야에 걸쳐 전방위적인 변화를 갖어오고 있다. 특히 그 변화의 중심안에 인공지능 기술은 IT, 의료, 가전, 자동차 등 전 분야에 걸쳐 탑재화되어 변화를 선도하고 있다.

그로인해 인공지능AI기술을 처음 접한 사용자(이용자)는 인식의 부재로 인해 또는 준비되지않은 규정 내지는 관련법등 여러분야에 걸쳐 윤리적 문제의 논의의 대상이 되고있는 실정이다. 이에 세계 각국은 정부, 기업, 기관, 단체뿐만 아니라 범정부차원의 공론화를 통해 논의중에 있다.

2022년 8월 현재, 구글 딥마인드는 바둑을 두는 인공지능AI '알파고'에 이어 인류를 위한 선물이라며 생명의 구성요소인 단백질에 대하여 2억개 이상의 지구상에 알려진 거의 모든 단백질의 구조를 정확히 예측할 수 있는 단백질 구조 예측 인공지능AI '알파폴드'를 공개해 사람들을 다시 한번 깜짝 놀라게했다. 애플은 음성인식 비서 시리를 ios14로 더 똑똑해진 비서로 업데이트하여 출시를 하고있고, 아마존 역시 계속해서 고품질의 인공지능 플랫폼 '알렉사' 비서를 공개하고있으며, 구글은 어시스턴트를 삼성은 갤럭시 빅스비를 그 밖에 페이스북, 마이크로소프트, IBM 등 세계 초강기업들은 인공지능AI 개발에 박차를 가하고 있다.

이에 본 저자는 인공지능이라는 혁신기술을 접한 사용자들의 인공지능에 대한 인식의 정도가 현재 또는 향후 사회, 기업, 개인 등 나아가 세계 각 분야에 어떠한 영향을 미칠것인가에 대하여 논해보았다.

각 분야에서 다양하게 이슈가 되고있는 이러한 논의들은 인공지능기술의 발전 단계에서 인공지능기술의 개발자 및 사용자(소비자)의 윤리성 인식을 높혀 기술의 오남용을 방지하고 일상생활에서 인공지능기술 활용의 유용성과 용이성을 가져다 줄수 있다는 측면에서 중요한 기초자료가 되었으면하는 바램이다.

감사의 글

긴 시간동안 책을 읽고 글을 쓰면서 뒤늦게 강단에 서서 학생들을 가르치고있는 지금, 지나온 나의 모든 것이라고 해도 과언이 아닐 [AI이데아] 책을 출판하게되었다.

그동안 수없이 많은 공저를 출판하면서도 이렇게 글쓰기가 힘겹지는 않았었다. 그런만큼 보람스럽고 사회적 가치에 부합한다는 생각에 사명감 또한 스스로 크다. 물론 내용면에서 아쉬움을 말하자면 한없이 부족한것도 사실이다.

그럼에도 주변에서 응원해주고 공감해주신 분들이 있었기에 힘겨운 글쓰기 작업을 잘 마무리지을수있었다. 수많은 정보와 지식들을 융합하고 텍스트로 엮어내기까지 도움을 주신 많은분들께 진심으로 감사를 전한다.

연세대학교 임춘성교수님 감사합니다.
연세대학교 김창욱교수님 감사합니다.
연세대학교 세브란스 치과대학 박동범외래교수님 감사합니다.
한양대학교 김려경교수님 감사합니다.
명지대학교 유동균교수님 감사합니다.

영산대학교 정천구 전)총장님 감사합니다. (백성욱박사연구원 이사장)

그리고 오늘이 있기까지 저에게 성실과 인내를 주신 저의 어머니 이오남 여사님께 감사를 드립니다.

끝으로 존재 자체만으로도 제게 희망인 딸 박지빈과 감동인 아들 박성빈에게 감사를 전하며 오로지 하나 바라는건 두 아이가 건강하게 행복하기만을 바랍니다.

또한 이 책을 펴낸 출판법인 드림워커에도 감사를 드립니다.

감사합니다.

ания
참고문헌

김광연. (2018). "인공지능 및 사이버휴먼 시대의 윤리적 논쟁과 규범윤리의 요청."인문학연구 통권 111호.

김도연, 고영화. (2021). 인공지능 윤리성 인식 척도개발. 데이터융복합연구, In Press.

김배성. (2019). "인공지능(AI) 스피커 사용의도에 관한 연구 : 확장된 기술수용모델을 중심으로.". 한양대학교 대학원, 석사학위논문.

김상후. (2019). "인공지능 (AI) 플랫폼에서 고객 충성도에 미치는 소비자 혁신성의 영향 : 지각된 유용성 , 지각된 용이성 , 사회적 영향력 , 지각된 유희성의 다중병렬매개효과." 강원대학교 대학원.

김성주. (2021). "인공지능 리터러시 향상을 위한 앱 개발 초등 교육 프로그램 An Elementary Curriculum." 연세대학교 경영대학원.

김수환, 김성훈, 김현철(2019). "해외 인공지능 교육동향과 학습도구 분석." 한국컴퓨터교육학회 학술발표대회논문집, 23(2), 25-28.

김재선. (2021). "인공지능 안전과 책임 확보를 위한 법제 논의에 관한 검토 — 유럽연합 인공지능 관리 법제 논의에 기초하여." - Review on the legal system for securing safety and responsibility of using artificial intelligence — Focused on the EU AI safety and responsibility legislative discussion —. 행정법연구, (64), 157–181. http://www.riss.kr/link?id=A107336026

김주은. (2019). "노인돌봄에서 인공지능 (AI) 기술의 바람직한 활용을 위한 윤리적 제언 동아대학교 대학원." 동아대학교 대학원.

김지원(2017). "인공지능 시대의 새로운 교육패러다임에 대한 연 구."경북대학교 박사학위 논문.

김태령, 류미영, & 한선관. (2020). "초중등 인공지능 교육을 위한 프레임워크 기초 연구." 인공지능연구 논문지, 1(1), 31–42. http://www.riss.kr/link?id=A107309284.

김한성(2020). "인공지능의 이해와 사회적 영향력에 관한 교육 프로그램 개발 및 적용. " 컴퓨터교육학회.

김한성, 전수진, 최승윤, 김성애.(2019). "모두를 위한 인공 지능 윤리." 한국교육학술정보원.

김효은(2020). " 의사결정 자동화에 대한 대응으로서의 인공지능윤리 교육." 윤리교육연구, (55),277-308.

김효은(2020). "공학적 방법을 결합한 인공지능윤리 학습,", 1(129), 133-153.

방정미. (2021). "인공지능 알고리듬 규제거버넌스의 전환 - 최근 미국의 알고리듬 규제와 인공지능 윤리원칙을 중심으로 -." 公法研究, 49(3), 375-406. http://www.riss.kr/link?id=A107319536.

배진아(2020). 프로젝트기반 인공지능 윤리교육 프로그램 개발: (인공지능 윤리항목의 적절성 전문가 설문)

변순용(2020). "데이터 윤리에서 인공지능 편향성 문제에 대한 연구."『윤리연구』128호, 143-158.

변순용. (2020). "AI 윤리 교육의 필요성에 대한 연구*." The Journal of Korea Elementary Education Vol. 31, No. 3, 153-164 September 2020 DOI, 31(3), 153–164.

변순용, 신현우, 정진규, 김형주.(2017). "로봇윤리헌장의 필요성과 내용에 대한 연구."윤리연구. 제1권 제112호, 295-319.

변순용. (2019). "Ai로봇의 도덕성 유형에 근거한 윤리인증 프로그램 (Ecp) 연구 ." http://dx.(126), 73–90.

변순용. (2020). "AI 윤리 교육의 필요성에 대한 연구."." The Journal of Korea Elementary Education Vol. 31, No. 3, 153-164 September 2020 DOI, 31(3), 153–164.

서형준. (2019). "4차 산업혁명시대 인공지능 정책의사결정에 대한 탐색적 논의 - A Preliminary Discussion on Policy Decision Making of AI in The Fourth Industrial Revolution." 정보화정책, 26(3), 3–35. http://kiss.kstudy.com/search/detail_page.asp?key=3702468.

선지원. (2019). "유럽 HLEG 인공지능 윤리 가이드라인과 지능정보 사회 이용자보호 정책의 비교 TT - Comparison of AI Ethics Guideline of

EU-HLEG and the User Protection Policy for Intelligent Information Society." The Digital Ethics(디지털 윤리), 3(1), 59–71. http://www.riss.kr/link?id=A107141930.

송선영(Song Sun-young). "로봇과인공지능시대의시민윤리와도덕교육적 함의-인공지능형로봇의활용을중심으로-." 倫理硏究1.115 (2017): 133-159.

안정용. (2021). "인공지능 윤리 지각된 인공지능 자유의지가 인공지능의 윤리적 책임에 미치는 영향을 중심으로." [고려대학교 대학원]. http://www.riss.kr/link?id=T15784278

안정용. (2021). "인공지능 윤리 지각된 인공지능 자유의지가 인공지능의 윤리적 책임에 미치는 영향을 중심으로." [고려대학교 대학원]. http://www.riss.kr/link?id=T15784278

오의택, & 권규현. (2020). "전망이론 관점에서 기술수용모델의 해석에 관한 연구- 음성AI 비서 서비스 수용자와 비수용자의 비교 중심으로." -Applications of Prospect Theory to Technology Acceptance Model. Design Convergence Study, 19(6), 161–173.

오의택, & 권규현. (2020). 전망이론 관점에서 기술수용모델의 해석에 관한 연구 - 음성 AI 비서 서비스 수용자와 비수용자의 비교 중심으로 - Applications of Prospect Theory to Technology Acceptance Model. Design Convergence Study, 19(6), 161–173.

우현정, 조혜정, 최율(2018). "ICT를 활용한 교육의 동향과 전망." 정보화정책 제25권 제4호, 3-36.

유럽연합집행위원회(2019). "AI윤리가이드라인, 신뢰할 수 있는 AI 실현을 위한 요건."

윤소연. (2019). "중년 고령자를 위한 인공지능 (AI) 스피커 대화체계 가이드라인 : 인공지능 (AI) 대화 체계 플랫폼 개발을 중심으로."Guidelines for AI Speaker Chatting System : A Study on the Development of Artificial Intelligence (AI). 한밭대학교 대학원.

윤혜선(2018). "인공지능 기술을 윤리적으로 탐하다." KIST 저널(33), 48-52.

이관섭 Kwan-Seop Lee ; 우종필 Jong-Pil Yu ; 임설아 Sel-A Lim (2020). "인공지능 (AI) 스피커 이용의향에 영향을 미치는 요인 연구 : 확장된 기술수용 모델 (E-TAM) 을 중심으로 A Study on Factors Affecting the Intention to Use Artificial Intelligence (AI) Speakers : Focusing on the Extended Technology Acceptance Model (E-TAM)." 융복합지식학회논문지, Vol.8 No.4 [2020]

이승철, 김태영(2020). "초등학생을 위한 인공지능 교육 내용 및 방법 제안." 한국컴퓨터교육학회 학술발표대회논문집, 24(1), 177-180.

이철현(2020). "AI 시대 역량 관점의 실과 소프트웨어교육의 방향." 한국실과교 육학회 학술대회논문집. 95-123.

이한신, & 김판수. (2019). "소비자의 기술수용과 저항이 인공지능 AI 사용 의도에 미치는 영향." 經營學硏究, 48(5), 1195–1219. http://www.riss.kr/link?id=A106388861

정서윤. (2019). "X인공지능 AI 기반 콘텐츠 큐레이션 서비스가 사용자 만족도에 미치는 영향x : 넷플릭스와 네이버 AiRS 를 중심으로." 홍익대학교 대학원.

정서윤. (2019). X인공지능 AI 기반 콘텐츠 큐레이션 서비스가 사용자 만족도에 미치는 영향x : 넷플릭스와 네이버 AiRS 를 중심으로. 홍익대학교.

정진규, 변순용, 김영걸, & 김종욱. (2019). " 홈헬스케어AI Robot의 윤리인증의 필요성과 그 준거에 대한 연구." *. 윤리연구, 1(127), 147–168.

정진규, 변순용, 김영걸, & 김종욱. (2019). 홈헬스케어 AI Robot의 윤리인증의 필요성과 그 준거에 대한 연구 *. 윤리연구, 1(127), 147–168.

지현아. (2020). "로봇윤리 (roboethics) 의 도덕교육적 적용 방안 연구." 서울대학교대학원, 박사논문.

최원오. (2017). `기술적 특이점`의 관점에서 본 신화적 상상력과 그 지향점: 동물적 상상력에서 식물적 상상력으로의 전환과 관련하여 TT - The mythical imagination from the perspective of `technical singularity` : Concerning the transition from animal imagination to plant imagination. 영주어문, 35, 235–266. http://www.riss.kr/link?id=A103032807

최원오. (2017). "기술적 특이점'의 관점에서 본 신화적 상상력과 그 지향점: 동물적 상상력에서 식물적 상상력으로의 전환과 관련하여."- The mythical imagination from the perspective of `technical singularity` : Concerning the transition from animal imagination to plant imagination. 영주어문, 35, 235–266. http://www.riss.kr/link?id=A103032807

최원오. (2017). "기술적 특이점'의 관점에서 본 신화적 상상력과 그 지향점: 동물적 상상력에서 식물적 상상력으로의 전환과 관련하여TT - The mythical imagination from the perspective of `technical singularity` : Concerning the transition from animal imagination to plant imagination." 영주어문, 35, 235–266. http://www.riss.kr/link?id=A103032807

최유라, 이태욱(2018). "효과적인 정보윤리의식과 컴퓨팅사고력 함양을 위한 초 등 소프트웨어 융합 교육 지도의 실제." 한국컴퓨터정보학회 학술발표논문집, 26(2).

한국인공지능윤리협회(2019). "인공지능 윤리 헌장, 서문." 한국인공지능윤리협회

한상기(2016). "인공 지능 기술의 사회적 이슈와 윤리 문제 한상기*." 소셜컴퓨팅연구소.

홍진기. (2021). "인공지능 윤리규범과 정책의 국내외 동향 분석 및 향후 전망에 관한 연구." 고려대학교 기술경영전문대학원. https://www.fuji-keizai.co.jp/file.htmldir=press&file=20093.pdf&nocache

A. Jobin, M.Ienca, E. Vayena. (2019). The Global Landscape of AI Ethics Guidelines, Nature Machine Intelligence, 1 September, 389-399.

A. Parasuraman, C. L. Colby. (2015). An Updated and Streamlined Technology Readiness Index: TRI 2.0. Journal of Service Research, 18(1), 59-74.

Anderson, J., & Gerbing, D. W. (1988). Structural Equation Modeling in Practice: A Review and Recommended Two-Step Approach. Psychological Bulletin, 103(3), 411-423. https://doi.org/10.1037/0033-2909.103.3.411

Arm. (2020). "AI Today, AI Tomorrow."- The Arm 2020 Global AI Survey. 1–17.

Aron M. Dollar & Robert D. Howe, "The SDM hand: A Highly Adaptive Compliant Graspe", ed.. Geroge J. Pappas, Experimental Robotics, Philadelphia, 2009, 8-9.

B. Mittelstadt. (2019). Principles alone cannot guarantee ethical AI. Nature Machine Intelligence, 1(11), 501-507.

Beckett, G., Slater, T.(2019). Global Perspectives on Project-Based Language Learning, Teaching, and Assessment: Key Approaches, Technology Tools, and Frameworks. Oxon: Routledge.

Benjamin Kuipers, "Human-like Morality and Ethics for Robots," in Proceedings of the 2nd International Workshop on AI, Ethics and Society, 2016.

Blakeley H. Payne MIT (2019). "An Ethics of Artificial Intelligence Curriculum for Middle School Students."

C. Colby, C. ThibodeaSux. (2000), Ready or Not? What Consumer Really Think about Technology," 2000, International CES, Jan, 6-9, Las Vegas, Nevada, USA.

C. H. Lin, H. Y. Shih, P. J. Sher. (2007), Integrating Technology Readiness into Technology Acceptance: The TRAM Model. Psychology & Marketing, 24(7), 641-657.

C.S. H. Lin, H.Y. Shih, P. J. Sher. (2007), Integrating Technology Readiness into Technology Acceptance: The TRAM Model, Psychology & Marketing, 24(7), 641-657.

El-Dairi, M., & House, R. J. (2019). "Optic nerve hypoplasia. In Handbook of Pediatric Retinal OCT and the Eye-Brain Connection." pp. 285–287). https://doi.org/10.1016/B978-0-323-60984-5.00062-7

F.D. Davis. (1989). Perceived Usefulness, Perceived Ease of Use, and User Acceptance of Information Technology, MIS Quarterly, 13(3), 319-339.

Fornell, C., and Larcker, D. F. (1981). Evaluating Structural Equation Models with Unobservable Variables and Measurement Error. Journal of Marketing Research (18:1), pp. 39-50.

H.J. Jang, G.Y. Noh. (2017). Extended Technology Acceptance Model of VR Head-Mounted Display in Early Stage of Diffusion, Journal of Digital Convergence, 15(5), 353-361.

H.S. Yi. (2019). The Effect of Consumer's Technology Acceptance and Resistance on Intention to Use of Voice Recognition Artificial Intelligence VRAI . Doctoral Thesis, Graduate School, Kyungpook National University.

Hagendorff, T. (2020). The ethics of AI ethics: An evaluation of guidelines. Minds and Machines, 30(1), 99-120.

Herbrechter Stefan, Posthumanism, ⌧포스트휴머니즘⌧, 김연순 · 김응준 옮김, 성균관대학교출판부, 2012, 24-25쪽.

I. Nam, S.K. Kim, D. Jeong, Y.J. Kim, H. Park. (2017). A Study on Software Quality Divide Based on Technology Acceptance Model, Journal of Information Technology and Architecture, 14(1), 45-54.

ISTE 2019 PA, Philadelpha, 2019년 6월 23일 –26일) 세션의 "인공지능에 대한 K-12 지침: 학생들이 알아야 할 사항"이란 주제로 AI4K12 이니셔티브 에 대한 토론 발표 자료. 번역 : 2019, 미래인재연구소.

J.C. Oh, S.J. Yoon, Y. Wu. (2010). A Study on Factors of Intention toward Using Mobile Internet Service: Revised TRAM, Journal of the Korea Service Management Society, 11(5), 127-148.

James Vincent, "Twitter taught Microsoft's AI chatbot to be a racist asshole in less than a day," The Verge, March 24, 2016.

Jobin, A., Ienca, M., & Vayena, E. (2019). "The global landscape of AI ethics guidelines. Nature Machine Intelligence." 1(9), 389–399. https://doi.org/10.1038/s42256-019-0088-2

Joshua Thomas Raulerson, "Singularities: Technoculture, Transhumanism, and Science Fiction in the 21st Century",

Junngi Economy. (2019). How to ensure transparency and accountability in AI decisions, 2019. 7. 25. Retrieved from http://www.junggi.co.kr/article/articleView.html?no=23729&totalSearchField=&totalSearchText=%C0%CC%C3%A2%C8%A3&totalSearchDate1=2019-01-01&totalSearchDate2=2019-12-31&totalSearchDGubun=4&prevPagename=searchMain.html&page=12

K. Siau, W. Wang. (2020). Artificial Intelligence AI Ethics: Ethics of AI and Ethical AI, Journal of Database Management, 31(2), 74-87.

Kim, G., & Shin, Y. (2021). "Study on the Development of Test for Artificial Intelligence Ethical Awareness." Journal of The Korean Association of Artificial Intelligence Education."2(1), 1–19. https://doi.org/10.52618/aied.2021.2.1.1

Kim, J. un, & Lee, C. hyun. (2021). "Development of STEAM Program for Artificial Intelligence Ethic Education for Elementary School Student." Journal of The Korean Association of Artificial Intelligence Education, 2(1), 21–28. https://doi.org/10.52618/aied.2021.2.1.2

Kline, R. B. (1998). Principles and practice of structural equation modeling. New York: Guilford.

Kline, R. B. (2005). Principles and practice of structural equation modeling (2nd ed.). New York: Guilford.

L. Rothenberger, B. Fabian, E. Arunov. (2019). Relevance of Ethical Guidelines for Artificial Intelligence

L. Rothenberger, B. Fabian, E. Arunov. (2019). Relevance of Ethical Guidelines for Artificial Intelligence – A Survey and Evaluation, In Proceedings of the 27th European Conference on Information Systems ECIS ,1-11.

L. Rothenberger, B. Fabian, E. Arunov. (2019). Relevance of Ethical Guidelines for Artificial Intelligence – A Survey and Evaluation,

In Proceedings of the 27th European Conference on Information Systems ECIS ,1-11.

Laurent Orseau and Stuart Armstrong, "Safely Interruptible Agents," In Uncertainty in Artificial Intelligence: 32nd Conference UAI 2016), edited by Alexander Ihler and Dominik Janzing, 557-566. Jersey City, New Jersey, USA

M.J. Kim, J.S. Baek, M.G. Yoon. (2008). A Study on the Intention of Use for Airline Kiosk by TRAM Model. Aviation Management Society of Korea, Proceedings of Conference in Spring, 2008, 237-244.

Mittelstadt, B. (2019). "Principles alone cannot guarantee ethical AI. Nature Machine Intelligence." 1(11), 501–507. https://doi.org/10.1038/s42256-019-0114-4

Morley, J., Floridi, L., Kinsey, L., & Elhalal, A. (2021). From what to how: an initial review of publicly available AI ethics tools, methods and research to translate principles into practices. In Ethics, Governance, and Policies in Artificial Intelligence pp. 153-183). Springer, Cham.

N. Cointe, G. Bonnet, O. Boissier. (2016). Ethical Judgment of Agents' Behaviors in Multi-agent Systems, AAMAS, 1106-1114.

National Information Society Agency. (2019). Guidelines for Artificial Intelligence Ethics-Cases of Japan and EU, NIA.

Park, H., & Lee, S. (2021). "기술수용모델을 활용한 지체장애인의 인공지능 스피커 사용 의도에 관한 연구 A Study on the Use of Artificial Intelligence Speakers for the People with Physical disability using Technology Acceptance Model." Journal of the Korea Academia-Industrial Cooperation Society, 22(2), 283–289.

R. Walczuch, J. Lemmink, S. Streukens. (2007), The effect of service employees' technology readiness on technology acceptance, Information & Management, 44(2), 206-215.

Rothenberger, L., Fabian, B., & Arunov, E. (2019). "Relevance of Ethical Guidelines for Artificial Intelligence - A Survey and Evaluation."

European Conference on Information Systems ECIS 2019, 1–11.

Saeed B. Niku, Introduction to Robotics, Wiley & Sons, 2011, 4-5쪽.

Schiff, D., Biddle, J., Borenstein, J., & Laas, K. (2020, February. What's next for ai ethics, policy, and governance? a global overview. In Proceedings of the AAAI/ACM Conference on AI, Ethics, and Society pp. 153-158).

Siau, K., & Wang, W. (2020). "Artificial Intelligence AI Ethics. Journal of Database Management,." 31(2), 74–87. https://doi.org/10.4018/jdm.2020040105

T. Shim, S. Yoon. (2020). A Study on the Effect of Online Shopping Mall Characteristics on Consumers' Emotional Response, Perceived Value and Intention to Revisit Based on the Extended Technology Acceptance Model TAM2), Journal of the Korea Academia-Industrial Cooperation Society, 21(4), 374-383.

Tech, E., & Intelligence, A. (2020). 인공지능 Ai 역량 함양을 위한 고등학교 수학 내용 구성에 관한 소고 1). 23(2), 223–237.

The Arm. (2020). AI Today, AI Tomorrow; The Arm 2020 Global AI Survey.

V. Venkatesh, M.G. Morris. (2000). Why don't men ever stop to ask for directions? Gender, social influence, and their role in technology acceptance and usage behavior, MIS Quarterly, 115-139.

Whittlestone, J., Nyrup, R., Alexandrova, A., & Cave, S. (2019, January. The role and limits of principles in AI ethics: towards a focus on tensions. In Proceedings of the 2019 AAAI/ACM Conference on AI, Ethics, and Society pp. 195-200).

Y.H. Ko, C.S. Leam. (2021). The Influence of AI Technology Acceptance and Ethical Awareness towards Intention to Use. Journal of Digital Convergence, 19(3), 217-225.

Y.S. Park, S.I. Lee. (2007). Consumer Resistance, Mobile Internet, TAM,

Technology Acceptance Model. Korean Management Review, 36(7), 1811-1841.

Yu, H., Shen, Z., Miao, C., Leung, C., Lesser, V. R., & Yang, Q. (2018)."Building ethics into artificial intelligence. IJCAI International Joint Conference on Artificial Intelligence." 2018-July, 5527–5533. https://doi.org/10.24963/ijcai.2018/779

가트너10대기술트랜드검색:보안뉴스.
2022년08월07일 "https://www.boannews.com/media/view.asp?idx=84239&kind="

김효은.(2020). "공학적 방법을 결합한 인공 지능윤리 학습"
Artificial Intelligence Ethics LearningCombining Engineering Methods
한밭대학교 http://dx doi org/10 15801/je 1 129 202006 133

사이언스모니터 http://scimonitors.com/eu-신뢰할-수-있는-인공지능-가이드라인-초안제시-ai/) 2022년8월8일 검색일

송진웅외 (2019)."미래세대 과학교육표준(단계별 수행기대) 개발, 현장적용 실행방
안 도출 및 지표 개발 연구".

신원섭. 신동훈 (2020). "초등과학교육에서 인공지능의적용방안연구". 초등과학교육 제39권 제1호, pp. 117~132.

원혜영(2020). "백성욱 박사의 과학관과 수행정신 – 인간수행과 우주원리의 등가성 –" = Dr. Baek Sung-wook's Scientifictific Perspective and Spirit of Practice – Equivalence of Human Practice and Cosmic Principles – 민족사상. Vol.14 No.3, 191-214(24쪽).

정천구(2020). "백성욱 박사의 불교 철학 연구 = A Study of Dr.Baek Sung-wook's Buddhist Philosophy" . 민족사상. Vol.14 No.3, 43-86(44쪽).

조진삼 /Jinsam Cho 1 , 안성윤 /AHN, SUNGYOON 2 , 정운섭 /Jung, Woon Sup 3) (2018). "인공지능 AI 발전이 회계감사시장에 미치는 영향". 회계저널. 한국회계학회. 2018, vol.27, no.3, pp. 289-330 (42 pages

조상규.(2017). "인공지능 세무대리 프로그램의 법적책임". vol.19, no.3, 통권

65호. pp. 67-94 (28 pages. 중앙법학회

Lorand Laskai and Graham Webster. June 17, 2019. New America 740 15th Street NW, Suite 900 Washington, DC 20005. "National New Generation Artificial Intelligence Governance Expert Committee."

Song, Jihyun, Tashi, Tsewang, Prchal, Josef T. Mary Ann Liebert, Inc. (2019). HIGH ALTITUDE MEDICINE AND BIOLOGY Vol.20 No.2 Editorial Comment on: Inhibition of Suicidal Erythrocyte Death by Chronic Hypoxia by Tang et al. From: Tang F, Feng L, Li R, Wang W, Liu H, Yang Q, Ge R-L. High Alt Med Biol 2019;20:112–119; DOI: 10.1089/ham.2017.0159)

Veruggio, G.(2010). Roboethics [tc spotlight]. IEEE Robotics & Automation Magazine, 17(2), 105-109